千古一人

苏轼主题文物展

杭州西湖博物馆总馆 编

西泠印社出版社

《千古一人——苏轼主题文物展》编委会

编委会主任：潘沧桑

编委会副主任：张惠琴　傅宏明　陈志华　卢俏强　陈　语

主　　编：潘沧桑

副 主 编：黄　娜　黄　毅　杨　婧

艺术总监：戚甫龙

策　　展：戚甫龙　辛　欣　吴国才　石小龙　徐东方　袁子祺

执行策划：王光磊　卞　超　晋　羣

艺术设计：胡晓飞　李卫宏　庞哲文

序

宋代是中国文明相当辉煌的一个时期，无论是物质文明还是精神文明都达到了很高的水平，不仅给近千年来的华夏文明带来极其深远的影响，而且对周边国家乃至世界文明的发展都做出了巨大贡献。十一世纪的中国有一群代表性人物，苏轼便是其中一位，近千年来，他的风采、他的功绩、他的人格，熠熠生辉。

苏轼，世称"苏东坡"，字子瞻，自号"东坡居士"，四川眉山人。他是北宋时代孕育的文化巨人，也是最受大众喜爱的历史人物之一。他以天下为己任、忠义许国的立朝大节备受世人敬仰，宋高宗赐谥"文忠"，孝宗也称他"忠言谠论，立朝大节，一时廷臣，无出其右"。

他才华横溢，博古通今，他是农学家、医学家、水利专家、城市规划师、教育家、文豪、艺术家、历史学家、博物学家、美食家⋯⋯

在中华文化史上，苏轼影响深远。

在杭州这座苏轼一生中唯一的两次为官之地举办"高山仰止 苏轼主题文物展"意义非凡。初仕杭州，美景疗愈了苏轼的身心；再仕杭州，他尽心尽力，为民造福。此次"苏轼主题文物展"，分为"高山仰止·千古一人""高山仰止·家风世传""高山仰止·回望东坡"三个篇章，分别在杭州西湖博物馆总馆、杭州西湖博物馆苏东坡纪念馆、杭州西湖博物馆总馆南宋官窑馆区三个馆区展出，展示十全东坡的不同侧面。

杭州西湖博物馆总馆，坐落于西子湖畔，是我国第一座湖泊类专题博物馆。熙宁四年（1071），苏轼第一次到杭州，那些难以自遣的烦恼和郁闷不知不觉消融在西子湖畔；元祐四年（1089），苏轼以龙图阁学士知杭，励精图治，两年间几乎日夜工作于西湖之畔。西湖，是苏轼在杭施展才华的场所，也是给与苏轼心灵慰藉之地，更是苏轼仁政爱民、为民造福之地。重头戏"高山仰止·千古一人"篇章在杭州西湖博物馆总馆展出，以"奋厉当世""意本杭人""何以东坡""不忘初心"四个单元，呈现苏轼作为农学家、医学家、水利专家、城市规划师、教育家等不同侧面。

第一单元"奋力当世"，讲述苏轼所处的北宋时代概况。北宋仁宗时期，范仲淹推行庆历新政，并提出"先天下之忧而忧，后天下之乐而乐"的士大夫精神，受此影响，苏轼一生奋厉当世，无论是在朝堂之上还是在地方为官，都勤政为民，不忘初心。

第二单元"意本杭人"，展示苏轼在杭州的事迹，展现他作为政治家、水利专家、医学家、农学家等侧面。苏轼两次来杭，前后共计五年，"居杭积五岁，自意本杭人"，他早已将杭州当作自己的第二故乡。任通判时，他修复钱塘六井，并赴常、润、秀州等地视察灾情；任知州时，他赈灾放粮、疏浚运河、设立中国历史上第一座公立医院——安乐坊，并组织兵民疏浚西湖，利用湖中淤泥修筑长堤，即现在的"苏堤"。为民办实事、办好事的苏轼深受杭州百姓爱戴，至今仍被亲切地称为"老市长"。

"何以东坡"单元，阐释了从苏轼到东坡的历程。苏轼以儒家积极入世精神，融合佛、道清旷出世之襟怀，入世而超世，超世而入世。身居高位时，胸有山林清旷之趣，淡泊名利，人格高尚；屡遭贬谪而处江湖时，仍存忠义用世之志，随缘自适而秉性坚质，放旷中有浩然正气。无论穷达进退，都能在内心精神领域保持主体的思想自由和人格的独立。

"不忘初心"单元，讲述了苏轼一生为官四十载，历任八州知州，坚持民本思想、仁政爱民的事迹。无论是在朝廷任职，还是在地方为官，甚至被贬流放，苏轼始终不忘初心，以人民与国家社稷为重，为百姓办实事，取得了令人瞩目的千秋功业。

杭州西湖博物馆苏东坡纪念馆，位于闻名遐迩的西湖苏堤南隅，于东坡莅杭任知州九百周年之际建成，是苏轼主题文物展"家风世传"篇章所在地。"天下之本在国，国之本在家"，良好的家风家教是社会稳定的基石。家风像灯，指引着我们前进的方向，好的家风不仅能塑造自己的人生，更能影响他人，共同进步。在苏堤旁，展览展示了"三苏"一家读书正业、孝慈仁爱、非义不

取、为政清廉的家风，这样的家风成为苏轼得以抵抗动荡人生的坚实盾牌，塑造了苏轼以天下为己任的无私品格，成就了"一门父子三词客，千古文章四大家"的美名。作为苏氏一门代表的苏轼，良好的家风成为他安身立命的根基，建立了他与社会、国家融合共生的大格局。

杭州西湖博物馆总馆南宋官窑馆区，是国内首座依托古窑址建立的陶瓷博物馆，是极具宋韵美学的官窑瓷器产生地，也是本次展览的"回望东坡"篇章所在地。展览分为"回望""艺象""雅趣""追慕"四大单元，以"回望"开篇，结合现代科技实景呈现东坡笔下的赤壁，让观者感受苏轼的豁达人生；以"艺象"为名，讲述历代被传颂、被仰慕的东坡；"雅趣"之中，传递苏轼生活美学中的千古风尚；"追慕"千年，传颂西园雅集中的精神知己。苏轼是烹茗饮茶的行家，喜制酒、喜饮酒却不胜酒力，焚香也堪称行家，雅趣颇多，被认为是中国古代最为热爱生活的士大夫。

苏轼在中国历史上"人间不可无一，难能有二"，不愧为中国最受欢迎的历史人物之一。泱泱之中华，上下五千年，纵横天地间，千古一人，唯有东坡。

杭州西湖博物馆总馆馆长　潘沧桑

千古一人

苏轼主题文物展

东坡能使四六散化，古文语化，有时又骈化，诗议论化，词又诗化，变化纵横，莫可端倪，千古一人，罕见其匹。

习近平总书记指出："在历史长河中，中华民族形成了伟大民族精神和优秀传统文化，这是中华民族生生不息、长盛不衰的文化基因，也是实现中华民族伟大复兴的精神力量，要结合新的实际发扬光大。"回望东坡，可称千古一人，正是中华优秀传统文化中耀眼的星辰，其价值跨越时空，历久弥新。

千古一人

大宋官员，是苏轼最为核心的身份，也是苏轼实现其人生价值的主要途径，自少年时立下奋厉当世的志向后，经科举入仕，历经四十余年宦海沉浮，他以国家社稷为己任，最终达成了《左传》提出的为人的最高标准，即"立德、立功、立言"，成为被后人所追寻的"千古一人"。

一、"言"与"物"的结合，阐述苏轼的"不忘初心"

苏轼十分坦诚率真，他认为人生之所见、所想、所感，无意不可入，无事不可言，一生留下了大量的诗词、文章、信件，为苏轼研究留下了丰富的资料。本展览将苏轼的文字与宋代文物相结合，一方面以苏轼的文字解读宋代文物，阐述其社会背景、使用价值及文化价值；另一方面透过宋代文物，呈现苏轼所处时代的物质文化，进而理解苏轼的人生选择。

宋代对官僚队伍的选任、管理，平细务实为其特色，因循求稳为其用人原则。

宋代"入仕"有三个主要途径：科举，包括进士、诸科及武举为常选；制举或特举；荫补。在官僚选任的过程中，出身、课绩与资历起到基础性的作用。"入仕"的途径在前期作用突出，课绩、资历则在日后的选任中占比日重。宋朝考核官吏绩效，其方法分为三种：磨勘制、历纸制、巡视制。权开封府推官期间，苏轼自本官阶，经磨勘迁转位至太常博士，太常博士已属朝官阶次。

为让观众能够更好地理解苏轼的"官员"身份，展览将南宋武义徐谓礼文书作为重点展示，以此来进一步阐述宋代官制以及在该体制下苏轼的为官之路。

南宋官员制度对北宋官制有承袭的部分，苏轼为官横跨了元丰改制，因此从南宋徐谓礼文书当中，可以管窥苏轼所面临的人生选择。

该文书分为录白告身、录白敕黄与录白印纸三部分，完整记录了南宋中下级官员徐谓礼三十年间的从官、转官经历，是迄今为止发现的最详细的官员人事档案，为研究南宋的政务运行、文书制度等方面提供了新材料。"告身"是官员阶官的"任命状"，即朝廷授予官员寄禄官的身份证书。"敕黄"是差遣"委任状"，用黄绫纸书写，故曰"敕黄"。"印纸"可理解为官员的档案记录和"业绩考核表"，上任时由上级颁发，记录任内表现（称为"批书"），作为考核依据。由此可见宋代严苛的官员考察制度。

宋代官员考核包括多个方面，据《宋史》记载，以"七事"考核监司，"四善""三最"考核守令。七事为"一曰举官当否，二曰劝课农桑、增垦田畴，三曰户口增损，四曰兴利除害，五曰事失案察，六曰较正刑狱，七曰盗贼多寡"。四善为"德义有闻、清慎明著、公平可称、恪勤匪懈"。三最为"狱讼无冤、催科不扰为治事之最；农桑垦殖、水利兴修为劝课之最；屏除奸盗、人获安处、振恤困穷、不致流移为抚养之最"。

宋代地方官吏由其上级负责考核，通过量化的方式，详细记录被考核官吏任内农桑、田亩、户口、场务课利等的增减数量，以评定等次高低。到第二年春末，由监司把考核成绩送到中央考课院（人事考核机构）。

纵观苏轼的为官生涯，在举荐贤才、案劾贪谬、实户口、财用充足、兴利除害方面均提交了令人满意的答卷。

他疏浚湖渠，筹资修桥，创建医院，改善供水系统，创办学堂，助学兴文，收养弃婴，抗洪抢险，组织灭蝗，赈济饥民，劝课农桑，官榷与民，惩治贪污，修缮营房，巩固边防……

北宋虽然社会经济繁荣、文化科技繁盛，但是由于升平日久，吏卒骄惰，行政松懈，"三冗"以及与此相关的开支糜费严重，亟须兴革，开创新局。文章、学问、政治是北宋士大夫的精神核心，他们不仅以革除文风之弊、学术之弊为己任，更要革除朝政之弊，推行新政。

熙宁二年（1069），王安石终于在宋神宗的支持下开始变法。

然而对于王安石变法，苏轼持反对的态度。他深知"水可载舟，亦可覆舟"的道理，在《上初即位论治道二首》中的《刑政》篇里明确地提出了"民者国之本"的理念。王安石变法，是宋代社会发展的重要转折点，同时也是苏轼人生的重要转折点，面对新法，苏轼的态度与选择，可以从一系列写给家人的书信中清晰窥见。

熙宁二年（1069）二月廿七日，苏轼在《自离乡帖》中写道："轼二月中授官告院，颇甚优闲，便于懒拙。却是子由在制置司，颇似重难。主上求治至切，患财利之法弊坏，故创此司。"熙宁三年（1070）十月二十八日在《临政精敏帖》中写道："轼自到阙二年，以论事方拙，大忤权贵，近令南床捃摭弹劾，寻下诸路体谅，皆虚，必且已矣。然孤危可知。春间，必须求乡里一差遣，若得，即拜见不远矣。忠义古今所难，得虚名而受实祸。然人生得丧皆前定，断置已久矣，终不以此屈。"熙宁四年（1071）在《宦途常事帖》中写道："上批出与知州差遣，中书不可。初除颍倅，拟入，上又批出，故改倅杭。杭倅亦知州资历，但不欲令弟作郡，恐不奉行新法耳。此来若非圣

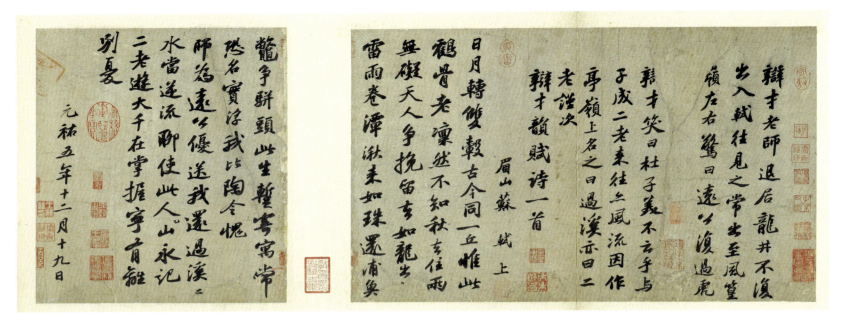

北宋 苏轼 《次辩才韵诗帖》 台北故宫博物院藏
作于元祐五年（1090）时年 55 岁

主保全，则齑粉久矣。知幸！知幸！余杭风物之美冠天下，但倅劳
冗耳。且喜兄无事，官藏外得公罪笞，全不碍事。"

通过对《西楼苏帖》中苏轼写给亲人的家书展示，观众可以直
观地了解到苏轼对新法的态度，和他的选择对其人生的影响。

苏轼以"富民强国"为目标，认为一切法律法令必须对人民有
利，并以此为标准来判断改革的成功与否。他主张改革，但应渐变，
而非激变。"法相因则事易成，事有渐而民不惊"（《辨试馆职策
问札子》）。他不赞成王安石变法中的一些扰民规定，也不赞成司
马光全盘否定王安石的做法。他认为新法中的一些利民举措应该继
续执行。

从凤翔任签判起，直至远贬海南，最后病逝于常州，几十年间，
不管是担任有职有权的地方官，还是受贬无权的流放客，他始终在
为民说话、为民做事、为民讴歌。可以说，几十年以民居之的态度，
以民为本的理念，与民共生的生活，是苏轼"民本理念"的构成条件。

二、"事"与"迹"的书写，解读苏轼的"意本杭人"

居杭积五岁，自意本杭人。
——苏轼《送襄阳从事李友谅归钱塘》

苏轼两次来杭，前后共计五年，杭州成为苏轼一生中两次为官
之地。宋神宗熙宁四年（1071），苏轼自请离京外任，被授杭州通判，
修复钱塘六井，并赴常、润、秀州等地视察灾情。宋哲宗元祐四年
（1089），苏轼以龙图阁学士出任杭州知州，他赈灾放粮、疏浚运河、
设立中国历史上第一座公立医院——安乐坊，并组织兵民疏浚西湖，
利用湖中淤泥修筑长堤，即"苏堤"。在杭期间，尽全力，祛大患，
为民造福。

苏轼一生徙迁多地，其中不乏扬州、徐州这样的天下九州名城，
也有令他才思泉涌的黄州、密州，为什么独独自认为"前世杭州人"？
这跟他两次入杭的境遇有着密切的关系，他与杭州的因缘际会，冥

北宋 苏轼 《西湖诗》 台北故宫博物院藏

北宋 苏轼《黄州寒食诗帖》台北故宫博物院藏
作于元丰五年（1082）时年 46 岁

冥之中牵引着他一生的足迹。

为了更好地说明苏轼与杭州的紧密关系，本次展览一方面梳理苏轼在杭州留下的题名、碑刻、诗词，结合相关佛教类、文房类、音乐类文物，展示苏轼与方内方外之间交游的路线及事迹，以此表现苏轼对杭州人文地理的考察；另一方面通过苏轼的奏折、南宋时期有关杭州风貌的绘画，与两宋医药文物、生活日品类文物相结合的方式，展示苏轼在杭州的功绩与成就。

宋神宗熙宁四年（1071），苏轼自请离京外任，被授杭州通判，在恩师欧阳修的指引下，他拜访孤山的惠勤，自此开始了与杭州方外人士的交游，亦开启了他在杭州的"行走"之旅。

杭州有"东南佛国"之称，寺庙多坐落在环境清幽的风景胜地，是兼具多重社会功能的公共空间，僧侣多为有识之士。苏轼徜徉在湖光山色之中，登山访寺、游湖觅友，足迹遍布整个杭州，这种实地的走访与深入的考察，使他对杭州的人才、主流意识形态、民风民俗、城市格局、山川地貌有了客观认知，为其以知州身份再次仕杭时的工作提供了极大的帮助。

苏轼在《申三省起请开湖六条状》中写道，自己"熙宁中通判杭州，访问民间疾苦。父老皆云：'惟苦运河淤塞……'"，追述自己以熙宁年间实地考察的情况作为治理西湖的依据。

同时，在其他城市营建工作当中，苏轼也得到了僧侣的帮助。

苏轼首次仕杭时，杭城百姓为汲水而苦，西湖六井淤塞废坏，沈公井废不能用。苏轼配合新任知州陈襄修浚六井及沈公井，他深入民间调查研究，选用四名僧人仲文、子珪、如正、思坦负责具体实施，并参与监管了整个过程，作有《钱塘六井记》详记此事，为后世重新修建治理提供参考依据。苏轼第二次仕杭时，重修六井，《乞子珪师号状》中记载具体重修事宜。苏轼询问当年参与过修浚六井的僧人子珪，得知六井废坏的原因。他用瓦筒代替原来的竹管作输水管，上下用石板加以保护，使得"水既足用，永无坏理"，并有意识地将六井与西湖、运河通过地下暗沟连接，使西湖水通过地下暗沟流入运河，"西湖甘水，殆遍全城"。

僧人不仅帮助苏轼兴修水利，同时也在他创建的公立医院中担任医官。宋哲宗元祐四年（1089），杭州大旱，方圆几百里闹饥荒，瘟疫肆虐。苏轼当即上报朝廷，免去百姓部分赋税，调拨粮食赈济灾民；组织城中和乡村的郎中，到每个街坊和村庄去巡诊，救治那些染上瘟疫的百姓。一些药物由政府免费提供，并专门修建"安乐坊"（中国最早的公立医院），又在僧道中挑选懂药会医之人担任医官，医官的费用由政府给予一定的补贴，这个制度一直沿用到南宋。

苏轼着眼于国家的稳定和社会经济的发展，重视民众之公利。

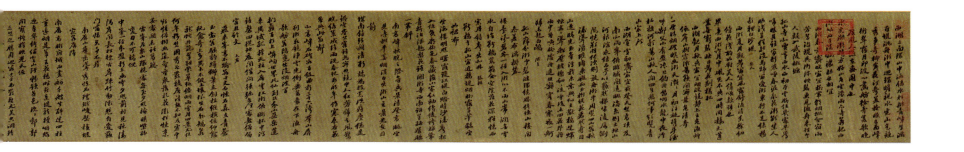

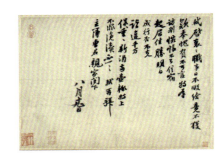

北宋 苏轼 《职事帖》
台北故宫博物院藏
作于元丰六年（1083）时年47岁

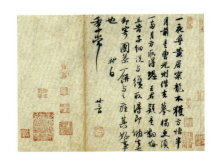

北宋 苏轼 《一夜帖》
又名《致季常尺牍》
台北故宫博物院藏
作于元丰三年至元丰六年
（1080—1083）

他在杭州任内，参与、主持了一系列关乎民生大计的营建活动，先后开西湖、筑苏堤、立三潭、建官邸，营建了杭州的城市格局。在营建过程中，他主张"目见耳闻"，并认为世界的生成变化都有其自然的法则，秉持实事求是的科学态度，关注科技的独到之处，在其营建活动中以"科学"手段指导工程实践，体现出实事求是的科学决策能力。

苏轼的城市营建活动促进了北宋科技进步和经济发展，为杭州成为一座经济繁荣、文化发达、设施完备的宜居城市奠定了基础。高宗一到杭州，看到这里的"表里湖山之胜"，不禁发出"吾舍是何适"之叹。

杭州的湖山滋养着苏轼，同时杭州也是一座感恩的城市，曾经的杭州百姓对东坡，是"家有画像，饮食必祝，又作生祠以报"。如今，杭州百姓都会说，若没有东坡，也就没有今日的西湖和杭州。

三、"情"与"境"的再现，理解苏轼的"此生不虚"

对于如何成就人生的不朽，《左传·襄公二十四年》中已经有所讨论："太上有立德，其次有立功，其次有立言，虽久不废，此之谓不朽。"唐代孔颖达《左传正义》对"三立"阐释为："立德，谓创制垂法，博施济众……立功，谓拯厄除难，功济于时。立言，谓言得其要，理足可传。"

苏轼其人，性情豁达，孝慈仁爱，以高尚的品德为世人树立了榜样，是为立德；为官以民为本，为国排忧，为民解难，是为立功；援引佛、道而释儒，完成《易传》《书传》《论语说》三书，是为立言。

学习、思考与著述，是苏轼一生从未间断的功课，他以学习为乐事（"臣等幼时，父兄驱率读书，初甚苦之；渐知好学，则自知趣向；既久，则中心乐之；既有乐好之意，则自进不已。"《师友谈记》），认为仅仅懂得四书五经、诸子百家是不够的，还要广泛涉猎各类知识充实自己（"天文、地理、音乐、律历、宫庙、服器、冠昏、丧祭之法，《春秋》之所以去取，礼之所可，刑之所禁，历代之所以废兴，与其人之贤不肖，此学者之所宜尽力也。"《盐官大悲阁记》），在博学多闻的基础上，有的放矢，提出"八面受敌"学习法，面对书海，首先要明确自己想要获得的内容，带着目的去读书才能够有所收获（《又答王庠书》），"博观而约取"，最后成就"一家之言"（《与张嘉父七首》之七）。

苏轼受其父苏洵影响，主张"有为而作"，为文"言必中当世之过"。在应制科《进论》中即有《易论》《书论》《春秋论》等篇章，后来又陆续对《尚书》中的许多重要问题撰写专篇，加以探讨。宋神宗元丰二年（1079），苏轼被贬黄州，仕途失意之际，他将精力投入到学术研究当中。他花了一年的时间，写成了五卷的《论语说》，并认为这部作品"颇正古今之误，粗有益于世，瞑目无憾也"（《与

北宋 苏轼 《前赤壁赋》台北故宫博物院藏 作于元丰五年（1082）时年46岁

北宋 苏轼《归去来兮辞卷》
台北故宫博物院藏
作于绍圣三年（1096）
时年 60 岁

北宋 苏轼《江上帖》
又称《邂逅帖》
台北故宫博物院藏
作于北宋建中靖国元年（1101）时年 65 岁

滕达道》）。接着，他又开始继续父亲苏洵未竟的事业，写作《易传》一书。多年以来，兄弟俩忙于政务，直到此刻，苏轼才有时间整理父亲的遗稿，他在承袭父亲苏洵学术思想的基础上，又吸收了苏辙的解《易》之说，编撰成书。

绍圣元年（1094），苏轼再贬岭南，居惠州，四年（1097）迁海南。尽管在海南物质条件和生活情况非常艰苦，书籍、笔墨和纸张都十分匮乏，苏轼仍然努力借书，并对贬居黄州时所写的九卷《易传》和五卷《论语说》进行修改和订正，还创作了《书传》十三卷。这三部著作代表了苏轼的学术思想："既成三书，抚之叹曰：'今世要未能信，后有君子，当知我矣。'"（《亡兄子瞻端明墓志铭》）

在苏轼生命的最后一年，他在《自题金山画像》中总结自己的一生："问汝平生功业，黄州惠州儋州。"黄州与儋州，正是他用心钻研学问，著书立说之所在，至此，他已完成《易传》《书传》《论语说》三书，"即觉此生不虚过。如来书所谕，其他何足道"。

本次展览，利用苏轼在黄州、儋州地区留下的诗文、字帖、信件，结合相关文房类文物，通过儋州载酒堂的场景搭建，展示苏轼在被贬黜之时的依然孜孜不倦地以民为本、为民立言生活状态与心路历程。观众能够通过苏轼笔下袒露的心情、文物及场景展示的情境，了解他为何一心著书立说，成就不朽人生。

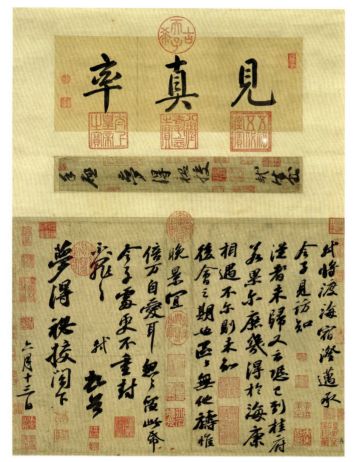

北宋 苏轼 《渡海帖》又名《致梦得秘校尺牍》
台北故宫博物馆藏 作于元符三年（1100）时年 64 岁

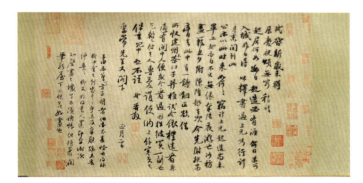

北宋 苏轼《新岁展庆帖》台北故宫博物院藏
作于元丰四年（1081）时年 45 岁

家风世传

"天下之本在国，国之本在家"，良好的家风家教是社会稳定的基石。

习近平总书记曾用 18 个字概括中华文明的精神特质："讲仁爱、重民本、守诚信、崇正义、尚和合、求大同。""三苏"父子的思想中也饱含这些深意，在我们的继承与弘扬中承传历史，思古照今。

"三苏"父子，文贤一家。读书正业、孝慈仁爱、非义不取、为政清廉的家风，塑造了苏轼以天下为己任的无私品格。苏轼兄弟在这样的家风家教中，潜移默化，树立一生为民的精神格局。

宋仁宗景祐三年十二月十九日（1037 年 1 月 8 日），苏轼生于四川眉山县城纱縠行家中，他诞生时的蜀地是个物产丰美、文化繁荣之地，他的祖先可追溯至高阳氏六世孙昆吾樊之子封于苏，在唐代时苏氏家族以苏瑰、苏味道之后人分为蜀派、闽派和眉派三派，"三苏"一门属于眉山派后代。

眉山派之祖苏味道是赵州栾城人（今河北省石家庄市栾城区）。少有文才，9 岁能属辞。与乡人李峤同以文辞知名，时称"苏李"。苏味道弱冠举进士，任咸阳尉。延载初年，迁凤阁舍人、检校凤阁侍郎、同凤阁鸾台平章事。唐中宗神龙元年（705），被贬为眉州刺史。不久，复为益州大都督府长史，未行而卒，终年 58 岁。

眉山苏氏自苏味道后，一直未有在朝为官之人（"苏氏自唐始家于眉，阅五季皆不出仕。"苏辙《伯父墓表》），但耕读的传统始终延续。宋代，眉州文教昌盛，书院林立，藏书楼众多，印刷事业发达，与浙江杭州、福建建阳构成全国三大印刷中心，"全蜀数道，文籍山积"。百姓读书风气盛行，人称"佣贩皆诗书"。祝穆《方舆胜览》记录宋代眉州云："其民以诗书为业，以故家文献为重。夜燃灯，通声琅琅相闻。"宋仁宗感慨"天下好学之士，多在眉山"。苏家传到苏洵这一代，兄弟三人，长子苏澹早逝，次子苏涣于宋仁宗天圣二年（1024）中进士，授大理评事，累赠尚书职方员外郎。苏洵则大器晚成，27 岁时才开始发愤读书，然而十年之间三次应试，皆无所获。

庆历七年（1047），38 岁的苏洵举制策茂才异等再次落第，返乡途中，他以游历山水抚慰心灵，在路过庐山、鄱阳湖时，他写信给乡友史经臣，说自己因暑热生病，加之屡试不中的打击使他不想与人有过多的交往，甚至无意拜访朋友（《陈元实夜来帖》）。不久，他又收到父亲病逝的消息，从此，苏洵闭门读书，一边培养苏轼、苏辙，一边著书立说，十年后成为一代大儒。

苏洵的文章以"不为空言而期于有用"闻名于世，欧阳修评价苏洵是"通经学古，履忠守道之士"（欧阳修《荐布衣苏洵状》），他格外重视史学，"以古今得失为议论之要"，主张广泛学习与钻研。他的教子之道同样讲究实用，其子苏轼、苏辙兄弟从小熟读经史，胸怀大志。兄弟二人继承家学，援佛、老入儒，声言三教合一，又将权变思想引入经书，具有经世之学的特点，最终形成足以与王安石新学和二程洛学相抗衡的蜀学，影响极大。

苏洵是散文大家，欧阳修称赞他"博辩宏伟……纵横上下，出入驰骤，必造于深微而后止"（欧阳修《故霸州文安县主簿苏君墓志铭》），极具说服力。他也将自己的创作理念完整地传达给了苏轼兄弟，教育他们要有为而作，不要为文而文，从后来苏轼的行文风格看，他牢记了这一教诲，在《南行前集叙》中自言："自少闻家君之论文，以为古之圣人有所不能自已而作者。故轼与弟辙为文至多，而未尝敢有作文之意。"

苏洵教子以儒学为宗，强调修齐治平。除了言传身教外，他为苏轼兄弟提供优质的教育资源，兄弟二人先后跟从眉山天庆观道士张易简、州学教授刘微之学习。为了丰富苏轼、苏辙兄弟的阅历，苏洵携二子遍访蜀中名士，先后到成都拜访了时任益州知州的张方平、雅州知州雷简夫，以及成都大慈寺宝月大师惟简，使儒、释、道在少年东坡心中种下文化的种子。

苏洵对待儿子们的教育十分严格，以至于几十年后，苏轼被贬谪海南儋州之时犹自梦见小时候父亲监督自己学习的情景："夜梦嬉戏童子如，父师检责惊走书。计功当毕春秋余，今乃粗及桓庄初。

怛然悸寤心不舒，起坐有如挂钩鱼。"

嘉祐元年（1056）三月，苏洵父子三人前往京师。当时的翰林学士欧阳修看到苏洵所著的二十二篇文章后，非常赞赏，引得士大夫们争相传阅。一时间，学者们纷纷效仿苏洵的文风。宰相韩琦看到了他的文章，大为赞赏，上奏朝廷，举荐苏洵到舍人院任职，草拟诰命。但他辞疾不至，被授予秘书省校书郎的官阶，正值太常修纂建隆以来的礼书，于是，苏洵被任命为霸州文安县主簿，与陈州项城令姚辟一起负责修订礼书，共撰写了《太常因革礼》一百卷。

"三苏"父子之所以能够有所成就，也离不开在他们背后付出的伟大女性。

苏洵之妻程夫人是四川青神人，是当地名门之后，其父程文应官至大理寺丞。她受过极好的教育，苏辙记忆中的母亲"生而志节不群，好读书，通古今，知其治乱得失之故"。

程氏18岁时嫁到苏家，彼时苏家贫贱，她便卖掉陪嫁，贴补家用，并力主在眉山纱縠行街上租了一栋房子，经营布帛等纺织品，仅仅几年，苏家便跻身富户。

程夫人鼓励苏洵读书取仕，追求自己的梦想。在丈夫远游在外时，她承担起了对苏轼、苏辙教育的重担，以身作则，教育儿子们要有仁爱之心，不取非义之财。她注重历史教育，常用历史上的英雄人物事迹来感染儿子，激励他们要具备高风亮节、明辨是非的品质。

程夫人"恶杀生"，家中的孩子奴仆从不伤害小鸟，园中的鸟便在低矮处筑巢，亦不怕人。这启发了苏轼的仁爱之心，他在《记先夫人不残鸟雀》中回忆此事并以鸟与人比喻民与官，叹"苛政猛于虎也"！

在纱縠行街的家中，还意外发现过一件瓮，古人常以瓮在乱世中储藏珍宝，程夫人以为这不属于苏家，便命人将土回填，不去碰它，以身作则教育子女不取外财，不贪他人之物。苏轼在《前赤壁赋》中写下自己的人生准则："天地之间，物各有主，苟非吾之所有，虽一

北宋 苏洵 《陈元实夜来帖》台北故宫博物院藏

毫而莫取。"苏轼不仅是这样说的，更是这样做的。

司马光在《苏主薄程夫人墓志铭》中指出母亲对一个家庭的决定性影响：

呜呼！妇人柔顺足以睦其族，智能足以齐其家，斯已贤矣。况如夫人，能开发辅导，成就其夫、子，使皆以文学显重于天下，非识虑高绝，能如是乎？古之人称有国有家者，其兴衰无不本于闺门，今于夫人益见古人之可信也。

程夫人一生不仅勉夫教子，还要经商赚钱，耗尽心力，积劳成疾，年仅48岁就去世了。彼时苏轼和苏辙正好在京城里考试，高中进士，她却没能听到两个儿子的喜报。

熙宁七年（1074），苏轼在杭州时，将母亲用过的簪珥捐给了净慈寺，又找画工画了阿弥陀佛像，又写了一篇《阿弥陀佛颂（并叙）》为母亲祈福。

钱塘圆照律师，普劝道俗归命西方极乐世界阿弥陀佛。眉山苏轼敬舍亡母蜀郡太君程氏遗留簪珥，命工胡锡采画佛像，以荐父母冥福。谨再拜稽首而献颂曰：

佛以大圆觉，充满河沙界。我以颠倒想，出没生死中。云何以一念，得往生净土。我造无始业，本从一念生。既从一念生，还从一念灭。生灭灭尽处，则我与佛同。如投水海中，如风中鼓橐。虽有大圣智，亦不能分别。愿我先父母，与一切众生，在处为西方，所遇皆极乐。人人无量寿，无往亦无来。

慈爱之心，以史为镜，百折不挠，种种优良品质离不开家风滋养。

回望东坡

宋高宗赵构在《宋赠苏文忠公太师敕文》中对苏轼的气节与能力大加赞赏，称赞他以国家为重，敢于直言，即便在岭南之地，仍旧心系社稷，为民造福。感叹自己未能与之同时的遗憾："王佐之才可大用，恨不同时；君子之道暗而彰，是以论世。"追赠苏轼为太师。高宗不但公开为苏轼平反昭雪，同时也从肯定他在文学艺术方面的功业的角度为苏轼正名。

一方面高宗、孝宗网罗天下苏轼文章，由官方进行出版发行，同时孝宗还为苏轼文集撰写了《御制文忠苏轼文集赞（并序）》，序中强调："成一代之文章，必能立天下之大节。""养存之于身，谓之气，见之于事，谓之节。节也，气也，合而言之，道也。以是成文，刚而无绥，故能参天之化，关盛衰之运。"孝宗认为苏轼其人"忠言谠论，立朝大节，一时廷臣，无出其右"。他的文章更可谓是一代宗师，历朝历代都给予了他最高的评价。根据统计，自此以往宋人注释诗词有 35 种，其有 17 种是苏轼诗的注本，可见当时人对解读苏轼诗下了许多功夫。

另一方面，宋高宗在画院画师马和之《赤壁图》卷后抄录了苏轼《后赤壁赋》的全文，马和之对《赤壁赋》诗意的创作，来自宋高宗的授意，而皇帝在画作后亲手录文，更是对苏轼极大的肯定。高宗之后，孝宗亦手书《赤壁赋》。

经高宗、孝宗两朝帝王的推波助澜，本身在民间就极富人气的苏轼作品，在文坛之上呈现出极强的流传态势——可谓自上而下，家传户诵，备受推崇，开始了一场持续近千年的"回望东坡"文化行动。

一、传其神：被传颂的大宋"潮"人

苏轼开创豪放词派，他的诗词题材广泛，风格多样，他的文章文理自然，逸态横生，他的书法遍学晋、唐、五代各家之长，融会贯通，自成一家，他的画尚简、写意，他明确提出"文人画"的概念，给元、明、清三代绘画以直接的滋养。苏轼在文学、艺术、思想领域，因其天真烂漫的赤子之心，悲天悯人的人间情怀，刚正不阿的人格理想，成为后人崇敬、模仿的对象。

苏轼的文学天才毋庸置疑。还在少年时，他便已"学通经史，属文日数千言"。苏轼写过大量的史论、时文、策议文字和书牍、赠序、碑传、杂说、小品，以及大量具有革新意义的诗词作品。他以一种与"浮巧轻媚"的不良倾向迥然相异的艺术风格和艺术特点紧紧吸引着广大读者。由韩、柳倡导的古文革新运动几经反复，直到苏轼才算取得了决定性胜利。

苏轼除了在文学上有惊人的才华之外，在书法和绘画领域也有着杰出的贡献。在书法上，苏轼是"苏黄米蔡"宋四大家之首，在书法理论上注重自我精神的体现和情感的宣泄，追求一种高度自由化的创作状态，开创了"宋人尚意"的新风。

苏轼说："吾虽不善书，晓书莫如我。苟能通其意，常谓不学可。"（《次韵子由论书》）。他在书法审美上突破了晋"韵"、唐"法"，找到了一条新的道路——尚"意"，他使书法审美开始了从重视外在技巧到重视内在精神的转移。

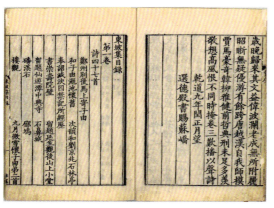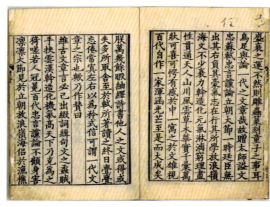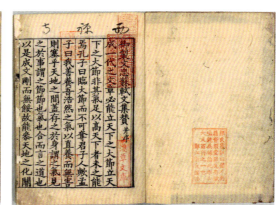

《东坡集》宋孝宗《御制文忠苏轼文集赞（并序）》 南宋前期刊本 金泽文库旧藏

北宋 苏轼 《画记》 台北故宫博物院藏

他对法度看似轻视，但实际上是能自由驾驭，不为法所束缚。他还提出了"貌妍容有矉，璧美何妨椭""守骏没入跛"的美学思想，将妍与矉、骏与跛对立并存，从而肯定了所谓"丑"的审美功能。这一美学思想直接影响了北宋中后期及南宋、金的书法创作，并对以后，特别是明代书法产生了巨大影响。

元代代表性书法家赵孟頫，在《论宋十一家书》中称"东坡书如老熊当道，百兽畏伏"。他认为苏轼书迹为"神物"，并指出有志于书法的人，当遇到瓶颈时见古人书可"长一倍"，自己见到苏轼的书迹，"岂止一倍而已"，足见苏轼对其的影响。

文徵明于苏轼有着难以割舍的情结，受父亲文林以及吴宽的影响，文徵明对苏轼的墨迹以很高的热情来品赏与研究，不断从中体会并汲取苏氏书法的营养，时有"玉局（苏轼）笔意"，并创立了自家风格。

明代后期书法家、画家董其昌，少时开始学习苏轼书法，不仅临摹其作品，更重视对其书法精神的领悟。他不仅欣赏苏轼的书法，更敬重苏轼的为人、学问和思想见识。

苏轼作为中华文化的代表人物，为后世艺术家留下取之不竭、用之不尽的灵感源泉。展览设有"艺术家的宝库"部分，选取具有代表性的以苏轼为主题的绘画作品进行集中展示，主要分为以下四种类型。

一是出自苏轼的诗意。如北宋赵令穰《橙黄橘绿图》有宋高宗题字，出苏轼《赠刘景文》诗："荷尽已无擎雨盖，菊残犹有傲霜枝。一年好景君须记，最是橙黄橘绿时。"南宋马麟《芳春雨霁图》绘早春时节雨后初晴，江边竹枝疏树斜倚，红花点点，群鸭戏水。取景与苏轼"春江水暖鸭先知"诗句相合，为诗画的结合例子。南宋李嵩《月夜观潮图》中有宋宁宗皇后杨妹子题字："寄语重门休上钥，夜潮流向月中看。"出自苏轼《八月十五日看潮五绝》其一。

一是出自苏轼所创作的故事。如台北故宫博物院藏的明代《缂丝海屋添筹轴》。海屋添筹，出自苏轼《东坡志林》："尝有三老人相遇，或问之年，一人曰：'吾年不可记，但忆少年时与盘古有旧。'一人曰：'海水变桑田时，吾辄下一筹，尔来吾筹已满十间屋。'"因筹在古代是指用竹、木制成的计数工具，故海屋添筹代表了延年增寿之意。

一是出自苏轼的生平或传说。如《东坡朝云图》，明清时期皆有画家绘制。苏轼在钱塘当官时，在西湖遇到了朝云，她起初不识字，事东坡后才开始学书。后来苏轼贬至惠州，家奴皆散去，唯独朝云相随。

北宋 苏轼 《墨竹图》
大都会艺术博物馆藏

北宋 苏轼 《凌虚台记册》
台北故宫博物院藏

南宋 赵眘 《后赤壁赋》
辽宁省博物馆藏

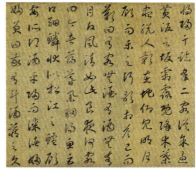

南宋 赵构 《后赤壁赋》
故宫博物院藏

北宋 苏轼 《后杞菊赋（并序）》
台北故宫博物院藏

还有一类是对苏轼文章的二次书写。苏轼以文章为乐事，笔耕不辍，著录颇丰，他的思想、他的情感、他的一生都在其中。苏轼的文章，引发了人们最深切的共鸣，吸引后人不断书写。展览中展示的清代曾国藩书苏轼诗行书轴、清代何绍基书苏轼文行书横幅、清代梁鼎芬书苏轼诗行书轴以及清代谭延闿书苏轼杂文行书屏四组作品，为后世对苏文书写的代表。

二、慕其美：对苏轼生活美学的推崇

作为宋代士人的典型代表，苏轼的生活哲学受老庄道论影响颇多，他上承古制，以达观的性情、独特的审美、探索的精神、清旷的品位，创一时之潮流，引千古之风尚。

苏轼将自己对诗、词、绘画、笔墨纸砚、香茶花酒、音乐等的见解记录下来，长则数百言，短则二三十字，在写法上随兴而发，妙趣横生，也见出其自身的人格和风格。其中论书与论画是有关中国中古时期艺术发展的核心理论，甚至成为现代与当代艺术审美的主流价值观。

苏轼的生活充满了闲情，琐碎的生活小事都能成为苏轼诗意生活的灵感来源。他以闲者的姿态去观察生活、深入生活、体验生活、记录生活，虽为微观小事，但其描写却情趣盎然，充满对生活的热爱。他在《超然台记》中写道："凡物皆有可观。苟有可观，皆有可乐，非必怪奇伟丽者也。餔糟啜醨，皆可以醉；果蔬草木，皆可以饱。推此类也，吾安往而不乐？"

苏轼雅好收藏书画、奇石、砚台、墨等，作为一个收藏家，面

对"物"，究竟是"寓意于物"，还是"留意于物"，苏轼有自己的思考，将情感寄托在艺术品上还是沉溺其中不可自拔，是两种截然不同的观念。

他在《宝绘堂记》中表达了自己对外物的态度："见可喜者虽时复蓄之，然为人取去，亦不复惜也。譬之烟云之过眼，百鸟之感耳，岂不欣然接之，然去而不复念也。"苏轼所追求的是将情感寄托于物并超越之。

他是诸葛笔的推崇者，是砚台鉴赏的专家，是赏石的推崇者，既是古墨的藏家也是制墨的高手，是品香的高手，亦是海南香的代言人。他善弹琴，好饮茶，好酒也酿酒，他认为"花不能言意可知，令君痛饮更无疑"，正是酒置花间更醉人，醉里赏花花更香。他总能将看似寻常的器物，变成具备人生境界的无上珍宝，生命的尺度，也因此延伸开来。

本次展览，通过苏轼的诗文探寻其对器物"美"的标准，并将符合苏轼美学的笔、砚、墨、香、花、茶、酒、食等相关器物进行展示。

以砚为例，苏轼在砚文化方面的贡献是非常独到的，他对砚的实用价值和审美价值都有着深刻的见解和诠释，为后人的砚艺、砚学研究提供了启迪。苏轼砚铭有近30首，占据了他全部铭文的一半以上，加上涉砚的诗文，更是有50余首。其中表现歙砚石质之美的《龙尾砚铭》和描写端砚采石艰辛的《端石砚铭》等，都成为后世品评歙砚、端砚不可错过的篇章。而《龙尾砚铭》中"涩不留笔，滑不拒墨"的名言更是表明了砚石材质对于功用价值的重要性，成为经典之作。后人不单参考他树立的砚的标准，同时也模仿他所使用的砚台，亦会在砚台上题写与之有关的内容。

三、效其行：西园雅集中的精神知己

元祐初年，位于东京汴梁安远门永宁坊的西园内胜友如云。"西园"是驸马王诜与宝安公主的私人府邸。驸马王诜是一位大才子，

北宋 苏轼 《中山松醪赋》 台北故宫博物院藏

文采斐然，能诗善画，痴迷于收藏古代书画，由此结交了很多文人雅士。这日，驸马王诜邀请苏轼、苏辙、黄庭坚、米芾、蔡肇、李之仪、李公麟、晁补之、张耒、秦观、刘泾、陈景元、王钦臣、郑嘉会、圆通大师 15 位友人到府中做客。可谓当时的文坛翘楚几乎悉数齐聚西园。

南宋至今，"西园雅集"成为后世文人理想的聚会模式，人们以吟咏、以书写、以绘画亲身效仿，他们各有其能，互相欣赏，通过雅集的形式，在文化、艺术、思想等领域相互切磋、互相影响，追求"清旷之乐"。"西园雅集"是中国文人画的典型母题，作为文化现象的西园雅集活动及其诗文画作，早已穿越时空，成为令人追慕的精神家园，人们可从中寻找精神上的知己和心灵上的寄托。

四、苏轼研究国际化，苏轼拥有天下文人的共性，是天下文人的楷模

对苏轼的追慕不仅仅是中国特有的文化现象，朝鲜半岛、日本文人同样钦慕苏轼。他的影响跨越了地域和时间的限制，其诗文和思想一直在东亚文化圈内发挥着重要作用。

苏轼的生平轶事及其作品在生前就已传入高丽，在高丽后期形成学苏诗的高潮。林椿在《与眉叟论东坡文书》中感慨道："仆观近世东坡之文大行于时，学者谁不服膺呻吟？"李朝中期的许筠在《鹤山樵谈》里则指出："本朝诗学，以苏、黄为主。"历经高丽、李朝文人传承，苏轼对朝鲜古代汉文诗歌、散文、词的创作产生了重大的影响，朝鲜文人创作了一批效仿东坡之作，展现出极为鲜明的"东坡情结"，甚至催生了"赤壁文学"。"拟把汉江当赤壁"，七月既望、十月既望的赤壁游使得朝鲜文人更关注东坡的《赤壁赋》，大众也形成了赤壁游的习俗。

日本文人对苏轼的接受主要表现在题《赤壁赋图》诗文、举行赤壁会与寿苏会以及画《赤壁赋图》上，且他们对苏轼的理解又不仅仅限于形式上的模仿，在举行寿苏会时往往会陈列一些以二赋为题材的中、日文人的书画作品。现藏于东京国立博物馆的一批江户时代的书法和绘画作品，如春木南溟的《前后赤壁图》、彭城百川的《赤壁图屏风》、卷菱湖的《赤壁赋》以及本阿弥光悦的《赤壁赋》都是东坡热流行时的代表之作，赤壁二赋在流传过程中不断地被赋予新的文化价值，影响着海内外文学与艺术的发展。

跨越时空的苏轼精神，成为传统文化与现代价值联系的重要桥梁，也成为无国界的文化桥梁。

回望东坡，这位中华美学精神的代表人物，他以卓越的才华，创造了后世文人不断探寻的美学巅峰，成为中国历史上最浓墨重彩的文化现象！

他挥毫，书法惊世流芳千古；他泼墨，创立中国文人画；他下厨，东坡肉、东坡鱼等佳肴盛名传扬；他穿衣，东坡帽、东坡屐风靡一时。

人们读他的诗，唱他的赋，临他的书法，摹他的画，品他的茶，闻他的香，走他走过的路，欣赏他看过的风景。这样的追"苏"行为延续千年，风靡国内外，从古至今，人人心中都有一个苏东坡！

北宋 苏轼 《养生论》 台北故宫博物院藏

目录

第一单元

奋厉当世

　　宋仁宗景祐三年十二月十九日（1037 年 1 月 8 日），苏轼生于四川眉山县城纱縠行家中，自幼受到良好教育。宋仁宗嘉祐二年(1057)，三苏父子赴京，苏轼以一篇《刑赏忠厚之至论》在科举考试中崭露头角，得到欧阳修的赏识，大宋政坛上一颗耀眼的新星冉冉升起。受"先天下之忧而忧，后天下之乐而乐"的时代精神鼓舞，苏轼一生奋厉当世，无论是在朝堂之上还是在地方为官，都勤政为民，不忘初心。

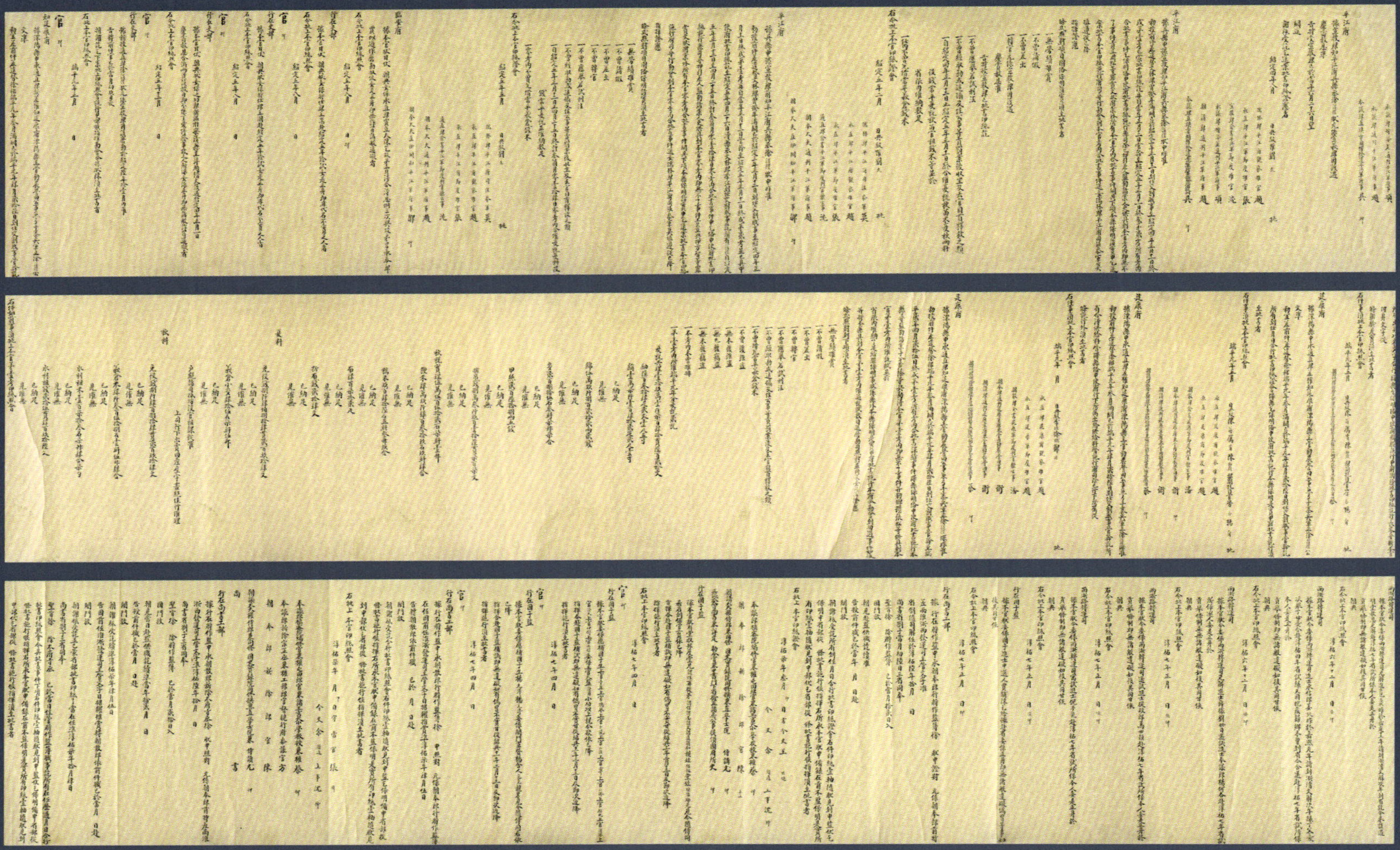

徐谓礼文书录白印纸第三、四、九卷
南宋
纵 36.1cm；横 186.2cm
武义博物馆藏

南宋徐谓礼文书，共计 17 卷，长度各卷不一。文书分为录白告身、录白敕黄、录白印纸三种类型。其中，录白告身 10 道，包括 4 道"敕授告身"，6 道"奏授告身"；录白敕黄 11 道，均为尚书省牒，9 道是授予差遣的任命，1 道是提举宫观（祠禄官）的任命，1 道是残文；录白印纸批书 80 则，包括拟注差遣 1 则、转官 10 则、保状 33 则、到任 15 则、解任 3 则、考课 17 则、服阕从吉 1 则。文书共 4 万余字。

现存文书都是录白，而非原件，但在行款与字体方面，如提行、空格、字体大小等，都相当严谨，是严格按照原件格式抄录的副本，可反映南宋官文书的原貌。

徐谓礼文书是首次于墓葬中出土的系统宋代纸质文书，是考古史上重大的文献发现，为史学家研究南宋政治制度、社会生活提供了前所未有的史料，同时具有较高的艺术价值。

徐谓礼文书作为一个中国古代制度史的运行实例，为学界开了新的一扇窗，开启了一些新的研究方向和研究深化的可能。(武义博物馆)

宋苏轼《东坡奏议》十五卷

民国

纵 17.5cm；横 10.2cm

杭州西湖博物馆总馆藏

"招抚使印"柄钮铜印

宋

长 7.2cm; 宽 7.2cm; 高 4.5cm

故宫博物院藏

"忠州团练使印"铜官印

宋

长 5.8cm; 宽 5.8cm; 高 4.6cm

常熟博物馆藏

朱文方印,宋代官印。团练使为宋代官职。官印篆书笔画多重折叠,这样处理不容易被复制、作伪,保障了官印的权威性。 (钱佳琪)

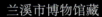

"兰溪开国"铜印

南宋

兰溪市博物馆藏

印呈正方形,长扁形钮,印正面刻有"兰溪开国"篆体朱文。该印背面右侧刻有"乾道七年十",左侧"日月伏□"笔画极细浅,印边有一小孔。据光绪《兰溪县志》记载:徐良能,字彦才,太平乡古塘人,绍兴五年 (1135) 进士,历知宿松、安吉二县,旋为御史检法官,继除太常博士,由检察御史迁殿中侍御史给事中,封兰溪开国男。固疾告休,除龙图阁侍制,理宗登报赠少师,宝庆三年 (1227) 赠太师。此印当为其封兰溪开国男时颁给,死后流传子孙。 (孙晨)

"京西北路提举保甲司"铜印

北宋

长 5.5cm; 宽 5.5cm; 高 5.0cm

江山博物馆藏

"千里共明月"
"黄　印章"双面铜印

宋

长 2.1cm; 宽 2.1cm; 高 0.9cm

常熟博物馆藏

"子义图书"铜印

宋

长 1.7cm; 宽 1.7cm

常熟博物馆藏

"中正和平"铜印

宋

长 2.1cm; 宽 2.1cm; 高 3.1cm

常熟博物馆藏

"赵氏子昂"铜印

宋

长 2.0cm; 宽 2.0cm; 高 2.1cm

常熟博物馆藏

朱文方印，印钮为龟型。赵孟頫，字子昂，号松雪道人，南宋晚期至元朝初期官员、书法家，其书写的苏轼《赤壁赋》为书法名作。（钱佳琪）

"信行通商"铜印

宋

长 1.8cm; 宽 1.8cm; 高 2.0cm

常熟博物馆藏

"以勤补拙"铜印

宋

长 1.7cm；宽 1.7cm

常熟博物馆藏

"石林居士"铜印

宋

长 3.8cm；宽 1.6cm；高 3.0cm

常熟博物馆藏

朱文方印，印钮为支肘侧卧的圆雕人像。

叶梦得，字少蕴，苏州长洲人。宋代词人。绍圣四年（1097）登进士第，历任翰林学士、户部尚书、江东安抚大使等官职。晚年隐居湖州弁山玲珑山石林，故号石林居士，所著诗文多以"石林"为名，如《石林燕语》《石林词》《石林诗话》等。（钱佳琪）

"廷珪琴瑟"铜印

宋

长 2.3cm；宽 2.1cm；高 2.0cm

常熟博物馆藏

朱文方印。廷珪，为黑色的玉板，珪为礼仪用玉。琴瑟，两种古代传统乐器。苏轼《书海南墨》记载其流放海南期间自制墨："此墨吾在海南亲作，其墨与廷珪不相下。海南多松，松多故煤富，煤富故有择也。"（钱佳琪）

铜文吏像

宋

高 17.0cm; 宽 6.5cm; 厚 5.0cm

故宫博物院藏

石武将像

宋

高 22.0cm; 宽 8.0cm; 厚 6.5cm

故宫博物院藏

四经绞绫罗鞋

南宋

长 25.5cm; 宽 8.5cm; 高 7.0cm

2016 年 5 月赵伯沄墓出土

黄岩博物馆藏

绢袜

南宋

袜筒高 36.0cm; 上宽 18.5cm; 下宽 15.5cm;

袜长 26.0cm

袜跟左高 12.0cm; 右高 11.0cm

袜掌左高 13.5cm; 右高 12.5cm

通长 48.5cm

黄岩博物馆藏

2016 年 5 月赵伯沄墓出土，袜筒高 36 厘米。绢袜为有底式高筒袜，由袜底、袜筒和袜口缘三部分构成，袜口缘后缝有两条系带，系带下的袜筒有开叉，穿着时系带在后中交叉，围绕小腿一周，在前面打结。(黄岩博物馆)

鎏金银饰件

辽金

长 5.1cm；4.8cm；宽 1.1cm

易县博物馆藏

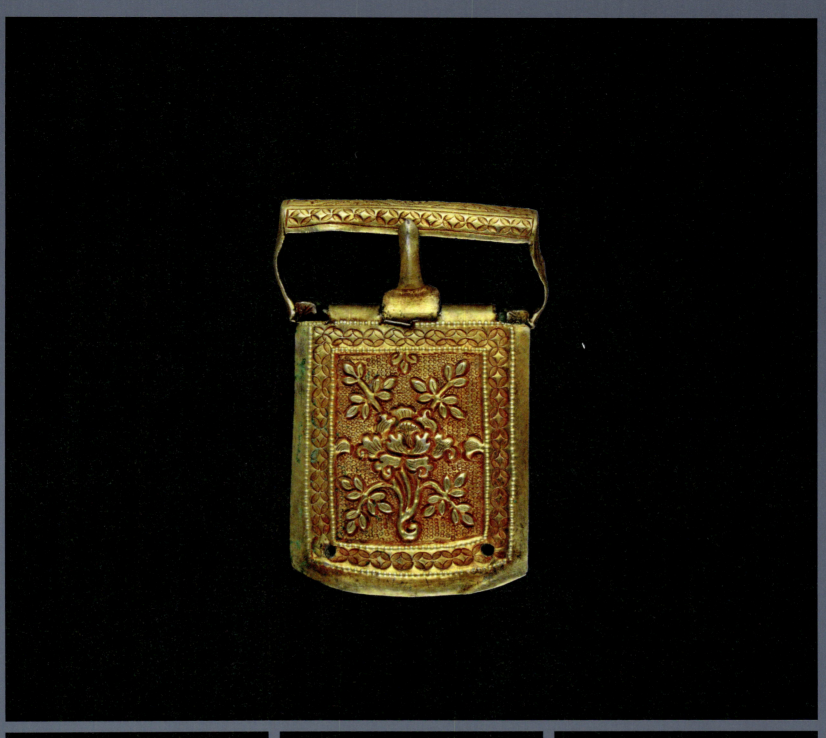

13

鎏金银带板

辽金

易县博物馆藏

葫芦型白串珠

辽金

单颗直径 1.4cm

易县博物馆藏

枣型白串珠

辽金

单颗高 2.0—2.1cm; 直径 1.2—1.5cm

易县博物馆藏

鎏金银饰件

辽金

长 3.6cm; 宽 3.2cm

易县高陌乡大北城村出土

易县博物馆藏

水晶紫饰件

辽金

长 10.1cm; 宽 7.6cm

易县博物馆藏

葫芦型白串珠

辽金

单颗直径 1.5cm

易县博物馆藏

水晶白饰件

辽金

长 10.1cm; 宽 7.6cm

易县博物馆藏

双凤金饰件

辽金

长 8.5cm; 宽 6.0cm

易县高陌乡大北城村出土

易县博物馆藏

枣型紫串珠

辽金

单颗高 1.7—1.9cm; 直径 1.1—1.3cm

易县博物馆藏

粟色串珠

辽金

单颗高 0.6—1.2cm; 直径 1.0—1.5cm

易县博物馆藏

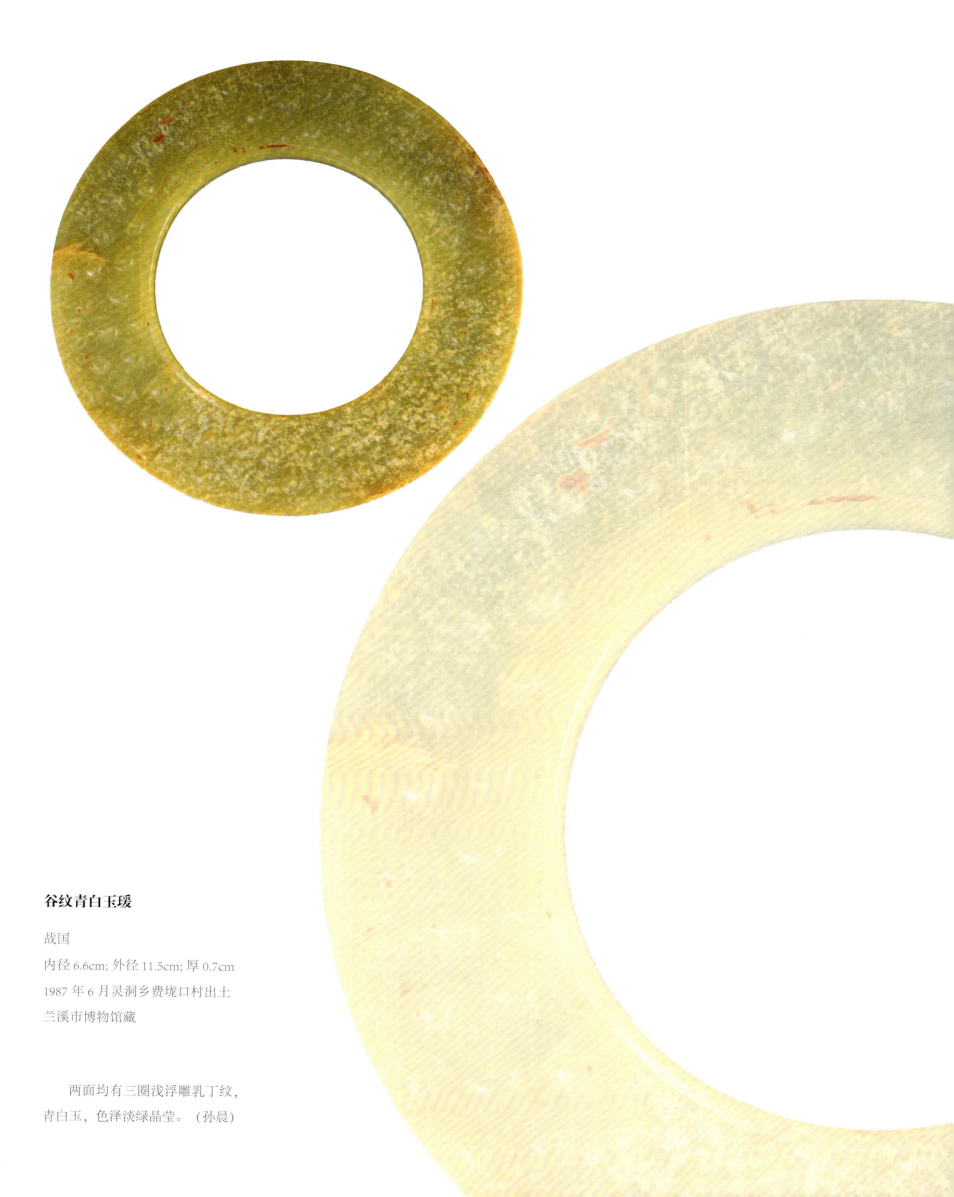

谷纹青白玉瑗

战国

内径 6.6cm; 外径 11.5cm; 厚 0.7cm

1987 年 6 月灵洞乡费垅口村出土

兰溪市博物馆藏

　　两面均有三圈浅浮雕乳丁纹，
青白玉，色泽淡绿晶莹。（孙晨）

玉环

辽金

外径 3.2cm

易县高陌乡大北城村出土

易县博物馆藏

葫芦金头饰

辽金

通长 3.6cm

易县高陌乡大北城村出土

易县博物馆藏

金玉饰件

辽金

高 3.9cm

易县高陌乡大北城村出土

易县博物馆藏

银玉饰件

辽金

高 3.6cm/3.7cm

易县高陌乡大北城村出土

易县博物馆藏

银铤玉头饰

辽金

通长 15.7cm

易县高陌乡大北城村出土

易县博物馆藏

银铤玉头饰

辽金

通长 14.9cm

易县高陌乡大北城村出土

易县博物馆藏

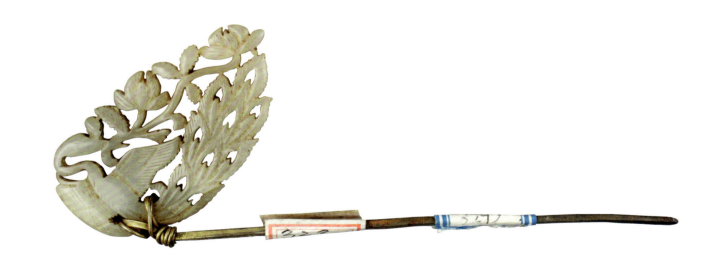

银铤玉头饰

辽金

通长 6.8cm

易县高陌乡大北城村出土

易县博物馆藏

银铤金凤钗

辽金

通长 15.2cm

易县高陌乡大北城村出土

易县博物馆藏

银铤金凤钗

辽金

通长 13.0cm

易县高陌乡大北城村出土

易县博物馆藏

银铤金凤钗

辽金

通长 15.5cm

易县高陌乡大北城村出土

易县博物馆藏

牡丹金钩饰

辽金

高 2.8cm

易县高陌乡大北城村出土

易县博物馆藏

金梳

辽金

长 10.8cm; 宽 6.5cm

易县高陌乡大北城村出土

易县博物馆藏

玉梳

辽金

长 9.5cm; 宽 5.1cm

易县高陌乡大北城村出土

易县博物馆藏

"崇宁重宝"铜钱

北宋

钱径 3.30cm; 郭厚 0.12cm; 孔径 0.80cm

杭州西湖博物馆总馆藏

"淳化元宝"铜钱

北宋

钱径 2.40cm; 郭厚 0.10cm; 孔径 0.52cm

杭州西湖博物馆总馆藏

"大观通宝"铜钱

北宋

钱径 2.40cm; 郭厚 0.12cm; 孔径 0.60cm

杭州西湖博物馆总馆藏

"太平通宝" 铜钱

北宋

钱径 2.40cm; 郭厚 0.11cm; 孔径 0.70cm

杭州西湖博物馆总馆藏

"熙宁重宝" 铜钱

北宋

钱径 3.10cm; 郭厚 0.12cm; 孔径 0.72cm

杭州西湖博物馆总馆藏

"咸平元宝" 铜钱

北宋

钱径 2.42cm; 郭厚 0.10cm; 孔径 0.60cm

杭州西湖博物馆总馆藏

"宣和通宝"铜钱

北宋

钱径 2.78cm; 郭厚 0.20cm; 孔径 0.70cm

杭州西湖博物馆总馆藏

"元丰通宝"铜钱

北宋

钱径 2.40cm; 郭厚 0.10cm; 孔径 0.72cm

杭州西湖博物馆总馆藏

方孔圆钱，小平，面文楷书"天盛
元宝"，背无文。（开封市博物馆）

"至道元宝"铜钱

北宋

钱径 2.40cm; 郭厚 0.10cm; 孔径 0.60cm

杭州西湖博物馆总馆藏

"天盛元宝"铜钱

西夏

钱径 2.32cm; 孔径 0.55cm

开封市博物馆藏

河南省许昌市禹州市白沙出土，
方孔圆钱，小平，面文楷书"天盛
元宝"，背无文。（开封市博物馆）

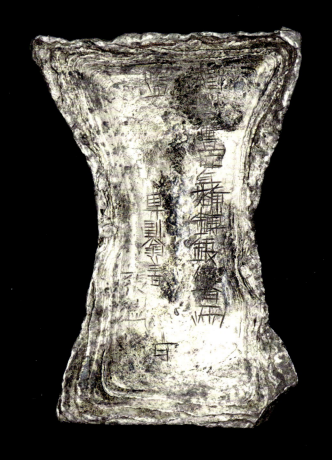

银锭

辽金

长 14.0cm; 厚 3.0cm

易县高陌乡大北城村出土

易县博物馆藏

银锭

辽金

长 16.5cm; 厚 1.8cm

易县高陌乡大北城村出土

易县博物馆藏

此件银锭呈弧首束腰形，保存完整，银
色光亮。正面边缘略突起，底面密布蜂窝
状孔。正面錾刻铭文"成都府军资库起发
政和六年分钤辖东衙进奉 / 天宁节银一铤重
五□□万兴李卿等 / 承议郎监军资库臣任宗
易"，共 3 行 45 字。根据《宋史·地理志》
的记载，宋代有 54 处府州军监产银，成都
府没有银场，但可说明此地区是当时白银交
易和流通的流行地区。"任宗易"是在银铤
的买卖、交易过程中留下的官员署名。

银锭

辽金

长 15.0cm; 厚 2.0cm

易县高陌乡大北城村出土

易县博物馆藏

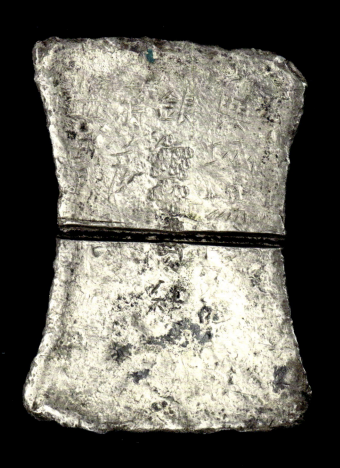

银锭

辽金

长 12.5cm; 厚 2.7cm

易县高陌乡大北城村出土

易县博物馆藏

赵佶《腊梅双禽图》

北宋

纵 25.8cm；横 26.1cm

四川博物院藏

丙簋

商

口径 21.5cm; 通宽 30.0cm; 高 16.0cm

北京市颐和园管理处藏

　　圆口微侈，深腹鼓出，圈足外撇。口沿下有牺首，以牺首为中心对称装饰涡纹、变体夔龙纹，腹部饰直纹。器身两侧铸兽耳，双角耸立，下垂长珥。圈足饰夔龙纹。（赵梓晰）

口沿微侈，上接立耳，束颈鼓腹，三袋足呈分裆式，

颈部饰弦纹，腹部、足部饰象纹。（赵梓晰）

伯鬲

西周

口径 13.5cm；通宽 14.0cm；高 15.0cm

北京市颐和园管理处藏

口沿微侈，上接立耳，束颈鼓腹，三袋足呈分裆式，

颈部饰弦纹，腹部、足部饰象纹。（赵梓晰）

窃曲纹方甗

宋

长 22.0cm; 宽 17.0cm; 高 27.5cm; 通高 34.5cm

北京市颐和园管理处藏

　　方口微侈，两侧立双耳。颈部饰窃曲纹。三足呈柱状，
微向外撇，足顶各饰一兽面纹，形似牛首。（赵梓晰）

质地青铜，绳结状立耳，腹部饰一周纹饰，三足。鬲在商周是祭
祀礼器，该器形仿造商代青铜鬲，为宋代仿古器形之一。 （孙晨）

青铜鬲

宋

口径 16.6cm; 腹径 17.2cm; 足径 2.4cm; 腹壁厚 0.2cm; 高 12.0cm

1973 年枣树出土

兰溪市博物馆藏

质地青铜，绳结状立耳，腹部饰一周纹饰，三足。鬲在商周是祭

祀礼器，该器形仿造商代青铜鬲，为宋代仿古器形之一。 （孙晨）

饕餮纹青铜鬲

宋

口径 13.5cm; 腹径 15.4cm; 高 14.0cm

1977 年吴村初中小山顶出土

兰溪市博物馆藏

　　直口外卷沿，粗颈，溜肩，鼓腹，圆底，三足中空。口沿置对称拧绳形两立耳，颈部布满云雷纹，腹部饰对称四组饕餮纹，以回纹衬地，每组有一条直状宽弦纹间隔。（孙晨）

第二单元

家风传承

　　"天下之本在国，国之本在家"，良好的家风家教是社会稳定的基石。三苏父子，文贤一家。读书正业、孝慈仁爱、非义不取、为政清廉的家风，塑造了苏轼以天下为己任的无私品格。苏轼兄弟在这样的家风家教中，潜移默化，树立一生为民的精神格局。

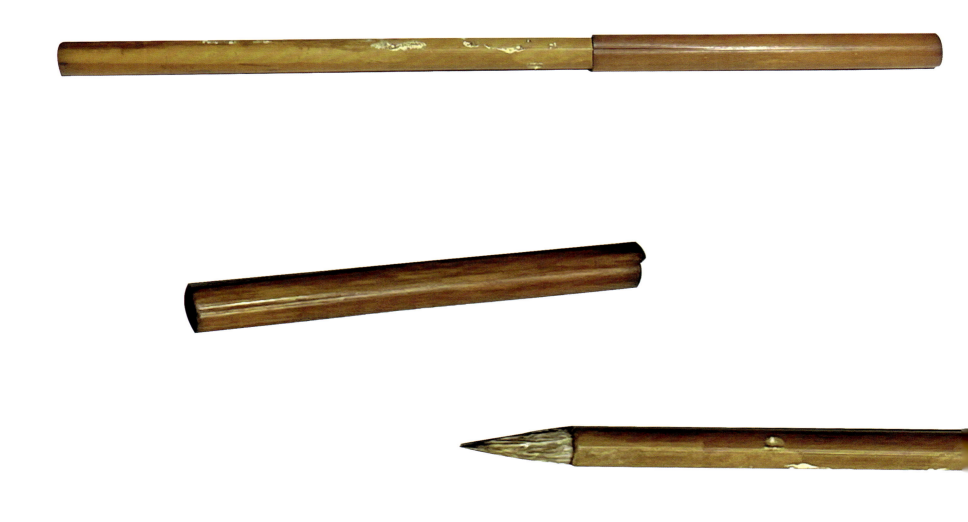

诸葛笔

南宋

长 23.0cm

天津沉香艺术博物馆藏

　　苏轼爱用诸葛笔，始于黄州。自记："唐林夫以诸葛笔两束见寄，每束十色（式），奇妙之极，非林夫善书，莫能得此笔。"南唐之时，宣州笔匠诸葛氏是非常有名的制笔高手，制造的笔具有尖、齐、圆、健四大特点：锋毫尖锐，外形圆润，铺下不软，提起不散。据说，诸葛笔的笔头是用鼠须制成的。南唐后主李煜的妻子周娥皇专用诸葛笔，特命名为"点青螺"。

　　欧阳修在试过诸葛氏的宣笔之后，不由得赞叹："宣人诸葛高，世业守不失。紧心缚长毫，三副颇精密。硬软适人手，百管不差一。"诗中还将诸葛笔与京师笔工所制笔相比较，认为京师笔"或柔多虚尖，或硬不可屈"，言下之意太硬或太软，远不如宣笔顺手。黄庭坚也评说："宣城诸葛'三副笔'，笔锋虽尽，而心故圆。"（天津沉香艺术博物馆）

抄手砚

宋
天津沉香艺术博物馆藏

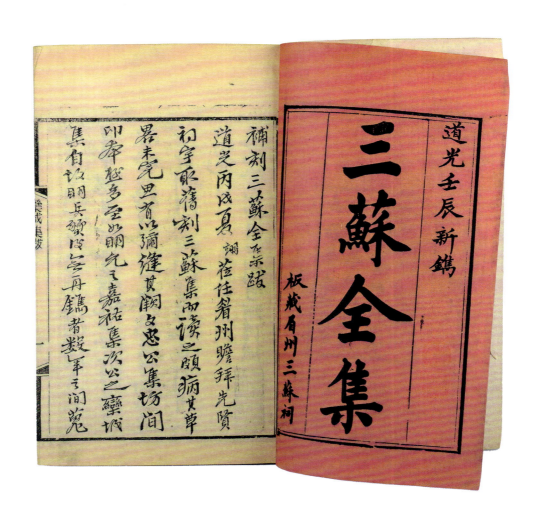

《三苏全集》

清道光十二年 (1832)

刻本

纵 19.5cm; 横 14.0cm

杭州西湖博物馆总馆藏

苏仲南妻黄氏墓志盖

北宋

纵 64.0cm; 横 64.0cm; 厚 11.0cm

河南博物院藏

　　宋苏适妻黄氏，北宋宣和五年（1123）十月葬。1972 年该志于河南郏县三苏坟出土。

　　黄氏，为苏辙次子适之妻。志为适子籍撰文，志文开篇记述父母双亲（适及妻黄氏）同年身故之事。其后言黄氏世系、婚姻及卒葬事。黄氏，闽人，曾祖讳孝先，曾官太常博士，妣章氏；祖讳好谦，知颍州，娶陈氏，继娶章氏；父讳实，字师是，为宝文阁待制、定州路安抚使，妣李氏。因苏适博古通经，故太史张文潜做媒，苏黄成婚。婚后，黄氏"性庄顺懿淑，小心兢兢，事舅姑，奉教约，必诚必恭"。适在外为官，黄氏在家"悌和协于内"。后适罢官归养，黄氏变卖首饰补贴家用。教导子女有方，手写口授诗书以供吟诵。及子女成人，"责以家学，而弗祈于富贵"。曾从婆婆（苏辙妻）入宫，受赐冠帔，兼封孺人。素饭释教，诵持常日。终因病故，寿五十有三。志载黄氏与适合葬苏辙墓之东南，可证郏县三苏坟中苏洵墓为衣冠冢。志盖及文字皆为行楷，行笔敛中有纵，面貌正中带欹，颇有苏轼书风之味。（徐锦顺）

苏仲南妻黄氏墓志拓片

宋

纵 64.0cm；横 63.0cm

河南博物院藏

"适"字铜印

北宋

长 3.0cm; 宽 3.0cm; 高 3.5cm

1972 年郏县苏适夫妇墓出土

河南博物院藏

  印体呈正方形, 直柄。印面阳文篆刻"适"字。据同出墓志可知: 适, 字仲南, 为宋代大文学家苏洵之孙, 苏辙之次子, 苏轼之侄。适喜作文论事, 义于勇为, 官至承议郎, 宣和四年 (1122) 卒。该印应为苏适的私章。(张晓蔚)

两入杭州

苏轼两入杭州，西湖更是他文学生命中不断出现、反复歌咏的标志性地理意象。杭州的水色山光，不仅给苏轼以心灵的慰藉，也是他施展才华的场所。这一片水色山光中，不仅走出了一位超然物外的智者，更走出了一位仁政爱民、以民为本、兢兢业业的公仆。

西湖春晓图页

宋

纵 23.6cm; 横 25.8cm

故宫博物院藏

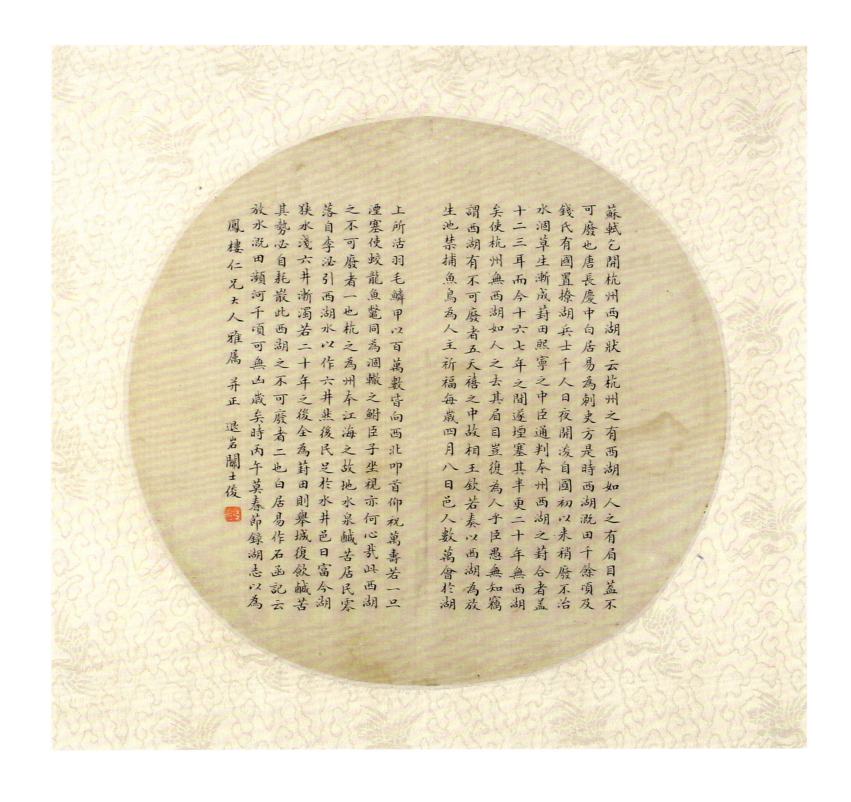

关士俊楷书节录苏轼《乞开杭州西湖状》团扇扇页

清

画心直径 24.5cm

杭州西湖博物馆总馆藏

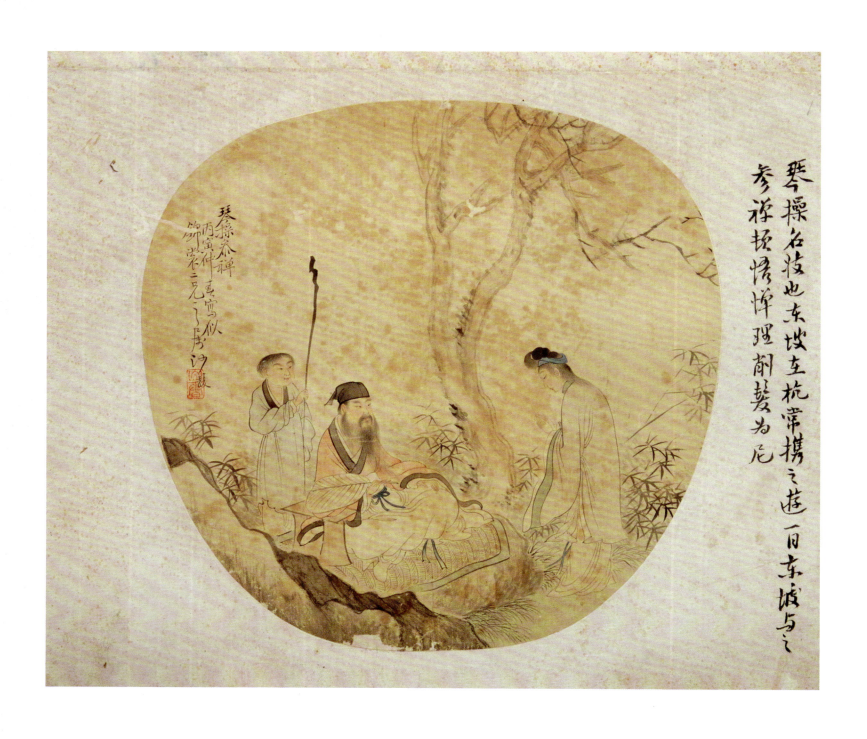

琴操名妓也東坡在杭常携之遊一日東坡与之

參禪頓悟禪理削髮為尼

沙馥《琴操参禅图》

清

画心纵 28.5cm; 横 34.5cm

裱件纵 45.5cm; 横 53.0cm

眉山三苏祠博物馆藏

铜瓶

宋

口径 3.0cm; 腹径 8.0cm; 足径 6.5cm

1987 年 6 月灵洞乡费垅口村出土

兰溪市博物馆藏

铜坩埚

宋

口径 7.4cm

1987 年 6 月灵洞乡费垅口村出土

兰溪市博物馆藏

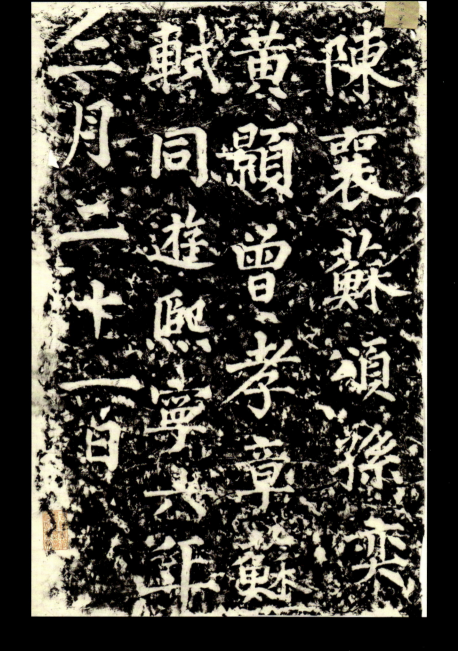

苏轼等石屋洞题名拓片

宋熙宁六年（1073）

纵 61.0cm；横 37.5cm

浙江省博物馆藏

　　该刻位于石屋洞内，著录于《武林金石录》《武林石刻记》《武林访碑录》《两浙金石志》，今存残迹，当代依据旧拓本重刻他处。陈襄（1017—1080），字述古，号古灵先生，福建侯官（今属福州）人，北宋理学家、名臣，时任杭州知州。苏颂（1020—1101），字子容，福建同安人，著名博物学家、科学家，时由婺州知州转知亳州。苏轼，时任杭州通判。孙奕、黄颢、曾孝章，应为陈襄、苏轼的同僚或好友。从题刻来看，苏颂从婺州（金华）赴任亳州途中，过境杭州，拜访老友陈襄，而苏轼以时任杭州通判，也一同出游。该刻为楷书，结体上个别字取势扁平，线条上瘦硬刚劲。《咸淳临安志》记载，石屋洞"洞崖仿佛有东坡题名，传云党禁时镌去"。从本件拓本来看，疑"苏轼"两字有补刻痕迹，可能为明人补刻。（魏祝挺）

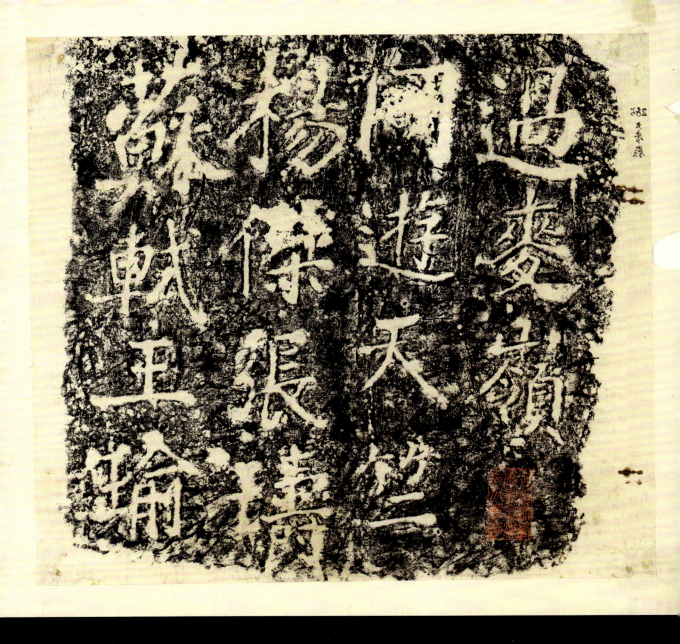

苏轼等大麦岭题名拓片

宋

画心纵 30.0cm; 横 33.0cm

裱件纵 35.5cm; 横 38.5cm

折江省博物馆藏

　　该刻位于大麦岭巅,著录于《咸淳临安志》《武林金石录》《武林石刻记》《武林访碑录》《两浙金石志》。苏轼(1037—1101),字子瞻,号东坡居士,四川眉山人,北宋文学家、书法家,时任杭州知州。王瑜,字忠玉,洛阳人,时为提点两浙路刑狱。杨杰,字次公,安徽无为人,时任官职不详,元祐中为礼部员外郎。张琦,字全翁,湖北安陆人,时任两浙转运判官。

　　《淳祐临安志》载,大麦岭有"苏轼、王瑜、杨杰、张琦,元祐五年三月二日游三竺,过麦岭"题名刻石,与现存文字略有不同,应属误记。《咸淳临安志》载,杭州韬光寺有苏轼题名:"苏轼、张琦、杨杰、王瑜,元祐五年二月二日同游韬光。"该题刻今已不存。据新发现的苏轼等访参寥子题名,当年三月二日苏轼等人前往的是孤山智果寺,故大麦岭题名可能是当年二月二日,苏轼等四人出游天竺、韬光,过大麦岭时所题,而不是历来认为的三月二日。据《咸淳临安志》记载,大麦岭巅有观音阁。苏轼等人应该是在观音阁中休息时留题的。题刻为楷书,中宫疏朗,横画取左低右高之势,含蓄中有动势,节奏强烈,运笔灵活。(魏祝挺)

朱礼俭署签《表忠观碑》拓本

民国十九年（1930）

杭州西湖博物馆总馆藏

    表忠观即钱王祠，奉祀五代吴越国钱氏三世五王。元丰元年（1078）八月，时任杭州知州的赵抃派人请时任徐州知州的苏轼撰写碑文。此碑文为苏轼书碑的代表作之一。《表忠观碑》宋代初刻，明代重刻。现碑刻皆为残石。本书为民国时期影印的拓本。（杭州西湖博物馆总馆）

定窑白釉"尚药局"款瓷盒

北宋

口径 6.8cm; 足径 5.9cm; 通高 7.8cm

杭州西湖博物馆总馆藏

白釉小圆盒

北宋

母口沿径 4.2cm; 盒子口径 3.3cm; 腹径 4.1cm; 足径 2.7cm; 盖高 1.3cm; 通高 3.4cm

陕西省考古研究院藏

白釉素面圆盒

北宋

盖口沿径 10.6cm; 盒子口径 9.8cm; 腹径 10.8cm; 足径 4.5cm; 盖高 2.0cm; 通高 4.5cm

陕西长安杜回村北宋孟氏家族墓地出土

陕西省考古研究院藏

越窑青釉带盖瓷罐

北宋

口径 4.0cm; 足径 3.7cm; 通高 6.9cm

镇江博物馆藏

　　荷叶形盖。罐直颈，圆唇，扁圆腹，平底。通体饰连瓣纹，胎浅灰色，全器施釉。（镇江博物馆）

铜菩萨立像

辽

高 18.0cm

天津沉香艺术博物馆藏

铜菩萨像

五代至宋
高 17.5cm
天津沉香艺术博物馆藏

铜佛坐像

五代至北宋
高 45.0cm
天津沉香艺术博物馆藏

罗汉像

宋
天津沉香艺术博物馆藏

罗汉座像

宋

天津沉香艺术博物馆藏

阿育王铁塔

北宋

长 10.3cm；宽 9.9cm；高 19.7cm

1969 年定州市静志寺塔基地宫出土

定州博物馆藏

　　此塔为吴越国王钱俶所造。钱俶笃信佛法，效仿印度阿育王而造八万四千塔，杭州雷峰塔就为其所造。此塔铁制，方形，模铸，镂空。塔身四面均设栱形装饰区，内有佛本生故事画面。四角各立一只金翅鸟，塔四角的山花蕉叶上有上下两层画面，共十六幅佛传故事，即释迦牟尼一生的教化事迹。塔顶正中为五层相轮。塔底阳铸铭文"吴越国王俶 / 敬造宝塔八万 / 四千所永充供 / 养时乙丑岁记"，四行二十三字。此塔应是吴越国王钱俶朝觐宋太祖时携至中原，塔内原应放置乾德三年 (965) 刻本《宝箧印经》。（李佳）

银坠五佛金冠饰

辽金

高 2.6cm; 直径 3.2cm

易县高陌乡大北城村出土

易县博物馆藏

鋬花舍利金棺

北宋

长 7.6cm; 宽 3.6cm; 高 4.5cm

1969 年定州市静志寺塔基地宫出土

定州博物馆藏

　　此金棺为纯金捶打焊接成型，棺身为长方形，前高后低，通体錾刻精美花纹，盖呈弧形隆起，上錾鱼子地缠枝花纹。棺床略大于棺壁。除床外，周身錾凿花纹，盖上饰缠枝牡丹纹。棺首端饰假门，门上有泡钉三排，棺尾为"佛出双足"图案，以示佛祖灵魂不灭。金棺两侧，一为三弟子树下守丧，一为二弟子嚎啕大哭状。棺床以镂空壶门为饰。棺为装殓佛骨舍利之用，金质为最上品。出土时内盛数粒舍利。金棺纹饰富丽，为北宋初期定州金器之精品。（李佳）

浅蓝色磨花直口瓶

北宋

口径 3.5cm; 足径 5.8cm; 高 9.8cm

1969 年定州市静志寺塔基地宫出土

定州博物馆藏

　　虔诚的佛教徒除了供奉本土产物之外，更是把西域的舶来品施入地宫以供奉佛祖。这件玻璃瓶为钠钙玻璃，浅蓝色，通体透明光洁。直颈，折肩，筒形腹，平底。颈、腹和底部均有几何花纹。采用有模吹制法成型。器形和几何形纹饰均为 10 世纪伊斯兰玻璃器的流行样式。

　　（李佳）

雀尾香炉（带盖）

宋

长 40.0cm; 高 10.0cm

天津沉香艺术博物馆藏

香供碗

宋

直径 26.0cm

天津沉香艺术博物馆藏

定窑白釉五足熏炉

北宋

口径 16.2cm; 足径 15.0cm; 通高 24.4cm

1969 年定州市静志寺塔基地宫出土

定州博物馆藏

    佛前供器，器型仿金银器，分盖、炉两部分。盖为盔形，上有受花宝珠式炉顶，盖面上部有六个圆形烟孔交错排列。炉身盘口、宽沿、直壁、平底；腹饰弦纹两周，附五个兽面衔环足，兽足踏环形平托。瓷胎色白，质细腻坚硬。釉莹润透明，略泛黄色并有垂釉痕，盖内、口沿、托底露胎。

    这件熏炉炉盖仿博山炉造型，高而尖耸，呈峻嶒山形，有镂孔可出香，香雾缭绕，似海上仙山（博山）一般；器足小兽为狻猊，狻猊形似狮子，平生喜静不喜动，好坐，喜欢烟火，常被用来装饰香炉脚部。

    隋唐时佛教、道教得到大发展，焚香习俗渐渐走向民间，陶瓷香器成为各窑厂竞相生产的产品，清寂园叟《陶雅》以定窑香炉为首选。焚香、点茶、挂画、插花是宋代文人雅士们喜好的"四般雅事"，文人焚香、咏香、亲手制香、互赠香品成为一种时尚，在上层社会广泛传播，也带动庶民阶层对香文化的崇尚和热爱，成为在民间广为传播的大众文化。（李佳）

定窑白釉刻莲纹龙首净瓶

北宋

腹径 11.5cm; 足径 6.7cm; 高 25.4cm

1969 年定州市静志寺塔基地宫出土

定州博物馆藏

　　胎质细白，釉白泛青，垂浆泪痕不太明显，足底无釉。采用堆贴、刻花技法。瓶细长颈，中部作相轮状圆盘，溜肩，肩部一侧塑龙首短流，鼓腹，圈足。肩部所塑龙首流，龙首高昂，气势飞扬。肩部刻画覆莲纹，肩腹交接处饰弦纹一道，腹部刻变形仰莲纹。该器是定窑净瓶中的佳品。（李佳）

银勺

宋

勺直径 8.6cm; 斜长 23.2cm

四川博物院藏

铜钵与勺

北宋

铜钵口径 8.3cm; 足径 4.3cm; 高 3.9cm

勺径 1.8cm×2.5cm; 柄长 7.5cm; 通长 9.7cm

陕西省考古研究院藏

捶丸球

宋

直径 3.3cm

四川博物院藏

捶丸球

宋

直径 1.8cm

四川博物院藏

陶蹴鞠像

宋

高 8.0cm; 宽 3.3cm

杭州西湖博物馆总馆藏

湖州真石
念二叔照子

虎纹有执铜镜

宋

高 22.0cm; 厚 0.5cm

常熟博物馆藏

　　器型浑圆，镜缘微凸，下置长柄。镜背饰一周草石竹叶纹样，下方以浅浮雕刻画一猛虎
图案，其尾部高举，四足腾起，作势欲扑，姿态生动。白虎与青龙、朱雀、玄武并称四神，
东汉至魏晋南北朝时期广为流行，具有祈求成仙之意，其后逐渐演变为虎能食鬼、镜能识魅
的辟邪、祈求平安之寓意。（钱佳琪）

一人端坐树下，双手抚琴，身侧一人居屋舍下，双手合于胸前作谦恭状。二人皆飘带舒卷，翩然若仙，其画面为嵇康学琴之典故。嵇康，字叔夜，魏晋时期著名诗人、思想家、音乐家，"竹林七贤"之一，著有《琴赋》。宋代人物故事镜纹饰内容多以典故或现实生活为题材，画面有如一幅写意山水人物画，是当时较为流行的镜类。此镜花纹采用魏晋时期嵇康学琴的典故，较为稀有，构图形象生动，布局精巧完美。（钱佳琪）

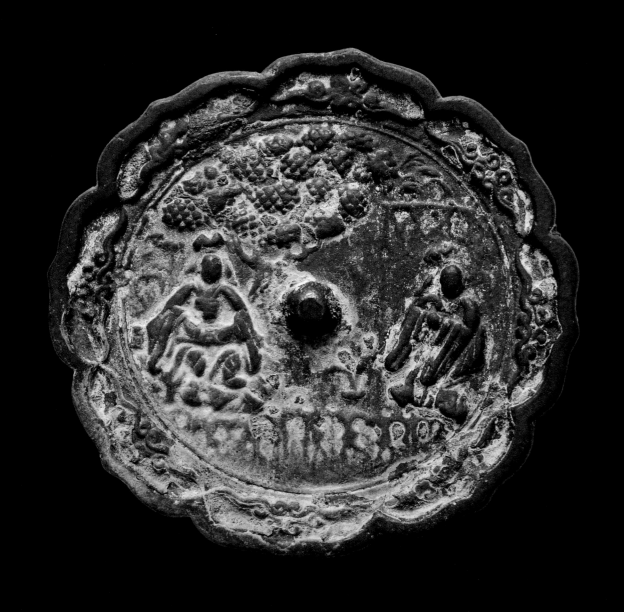

"嵇康学琴"人物故事铜镜

宋

直径 12.9cm; 厚 0.5cm

常熟博物馆藏

　　八瓣菱花形，圆钮，内切圆圈，将镜面图案分为内外二区。外区饰八朵卷云纹，内区圆钮两侧置二人席坐于地，一人端坐树下，双手抚琴，身侧一人居屋舍下，双手合于胸前作谦恭状。二人皆飘带舒卷，翩然若仙，其画面为嵇康学琴之典故。嵇康，字叔夜，魏晋时期著名诗人、思想家、音乐家，"竹林七贤"之一，著有《琴赋》。宋代人物故事镜纹饰内容多以典故或现实生活为题材，画面有如一幅写意山水人物画，是当时较为流行的镜类。此镜花纹采用魏晋时期嵇康学琴的典故，较为稀有，构图形象生动，布局精巧完美。（钱佳琪）

第四单元

何以东坡

　　苏轼以儒家积极入世精神，融合佛、道清旷出世之襟怀，入世而超世，超世而入世。身居高位时，胸有山林清旷之趣，淡泊名利，人格高尚；屡遭贬谪而处江湖时，仍存忠义用世之志，随缘自适而秉性坚质，放旷中有浩然正气。无论穷达进退，都能在内心精神领域保持住主体的思想自由和人格的独立。

浮雕人物石刻（琴、棋、书、画）

宋

琴：长 132.0cm；宽 40.0cm；厚 11.5cm

棋：长 129.0cm；宽 40.0cm；厚 8.0cm

书：长 129.0cm；宽 40.0cm；厚 8.0cm

画：长 135.0cm；宽 38.0cm；厚 7.0cm

2017 年四川省绵阳市平武县南坝镇唐家坪出土

平武报恩寺博物馆藏

玲珑玉琴

宋

通长 118.4cm; 隐间 110.7cm; 额宽 17.4cm; 肩宽 19.0cm; 尾宽 13.0cm; 厚 5.7cm

故宫博物院藏

瓷质象棋

宋

直径 3.0cm

天津沉香艺术博物馆藏

素胎瓷围棋

宋

黑子 181 粒，白子 180 粒。围棋子每枚直径 1.3—1.5cm；厚 0.4—0.6cm

杭州西湖博物馆总馆藏

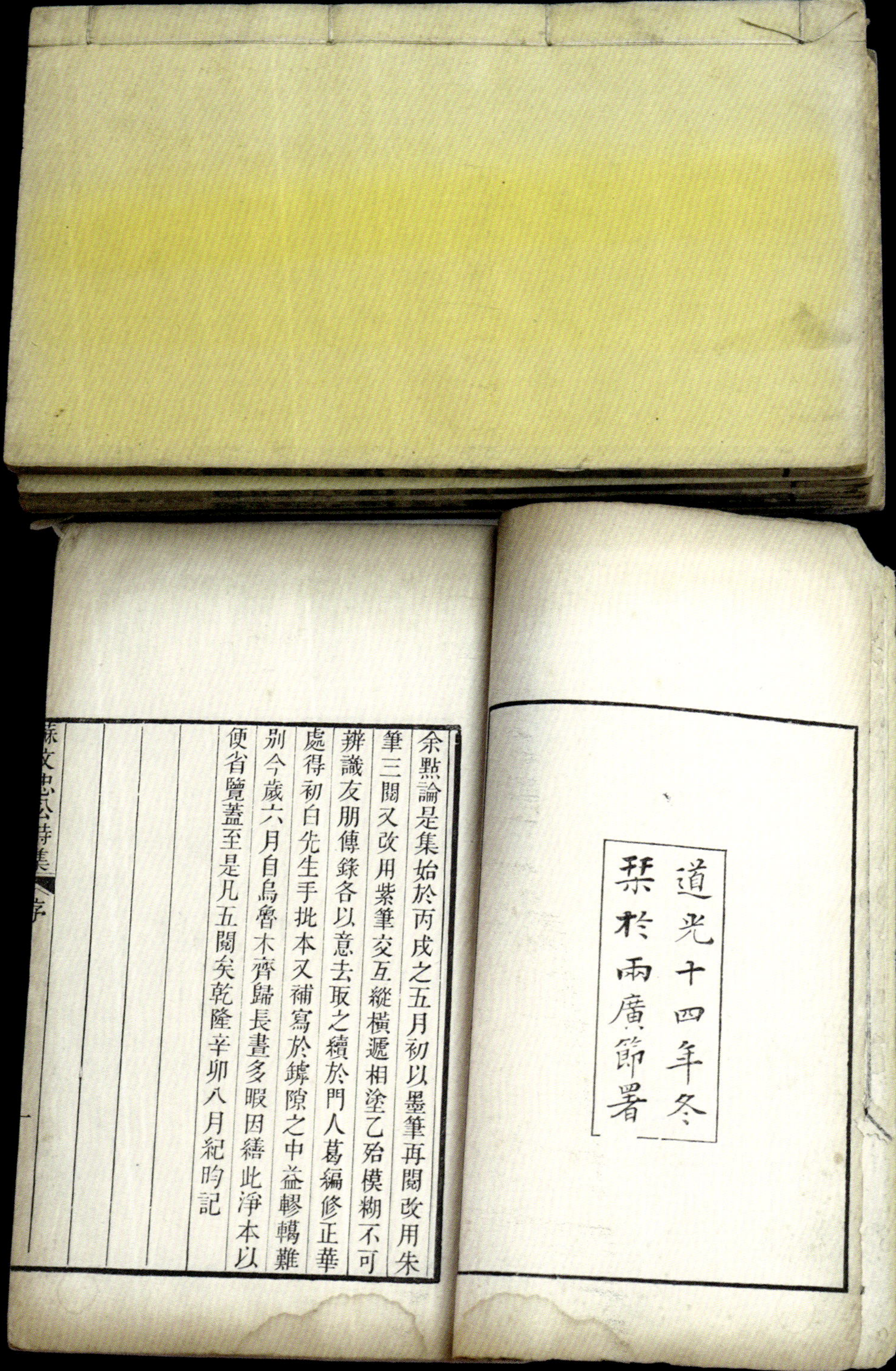

道光十四年冬
槧於兩廣節署

蘇文忠公詩集　序

余點論是集始於丙戌之五月初以墨筆再閱改用朱
筆三閱又改用紫筆交互縱橫遞相塗乙殆模糊不可
辨識友朋傳錄各以意去取之續於門人葛編修正華
處得初白先生手批本又補寫於罅隙之中益輾轉難
別今歲六月自烏魯木齊歸長晝多暇因繕此淨本以
便省覽蓋至是凡五閱矣乾隆辛卯八月紀昀記

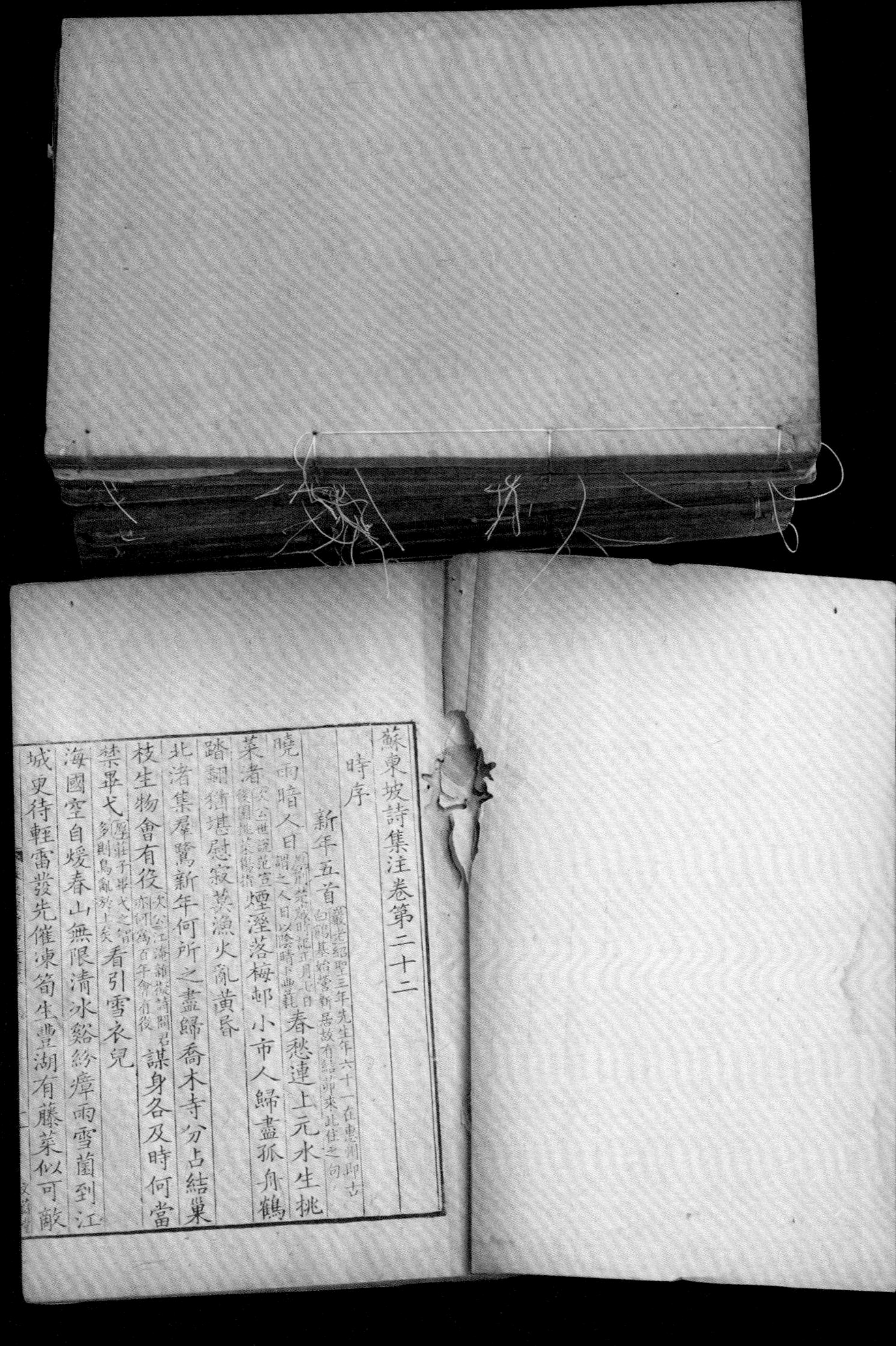

蘇東坡詩集注卷第二十二
時序
新年五首
曉雨暗人日
春愁連上元水生挑
菜渚
煙溼落梅邨小市人歸盡孤舟鶴
踏翻猶堪慰寂莫漁火亂黃昏
北渚集羣鷺新年何所之盡歸喬木寺分占結巢
枝生物會有役
謀身各及時何當
禁畢弋
看引雪衣兒
海國空自煖春山無限清冰谿紛瘴雨雪菌到江
城吏待輕雷發先催凍筍生豐湖有藤菜似可歒

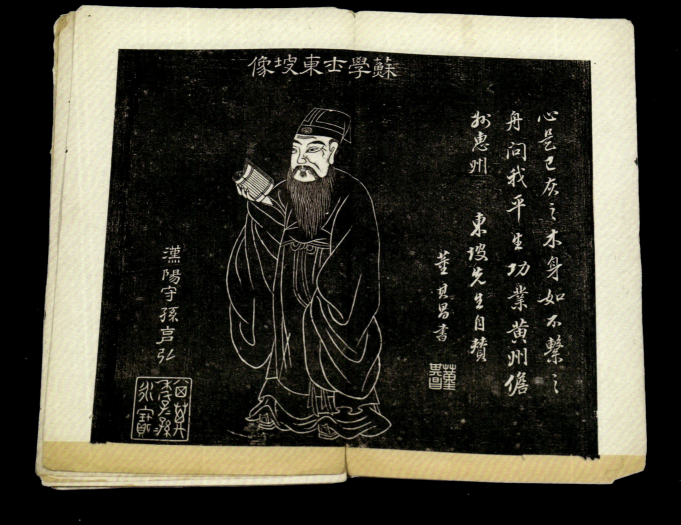

《晚香堂苏帖拓本》

清

纵 28.7cm；横 16.5cm

杭州西湖博物馆总馆藏

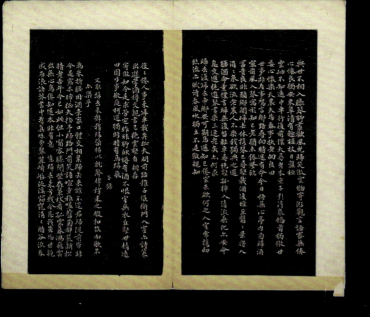

清乾隆五十三年（1788）辑刻，十二卷，纸本。

明代书画家陈继儒于万历四十四年（1616）辑刻了一部苏帖，因其斋名为"晚香堂"，故名《晚香堂苏帖》。清乾隆五十三年（1788），安徽旌德一位碑帖商人姚学经也撰集了一部苏帖，且袭用《晚香堂苏帖》之名，内容却与陈继儒所刻《晚香堂苏帖》不同，被称为"小晚香堂帖"。容庚《丛帖目》有记："苏轼书。乾隆五十三年，旌德姚学经撰集，子姚在昇、在暹镌刻。初刻四卷，谓其曾祖继韬所得；续刻四卷，谓其祖士斌续增。"

卷三为《归去来分辞》《集归去来辞诗》《集归去来辞歌》《黄州诗》。其中《黄州诗》即《黄州寒食诗》，是苏轼于北宋元丰五年（1082）在黄州（今湖北黄冈）所书，是他被贬谪黄州第三年的寒食节所发出的人生感叹。全诗苍凉多情，表达了苏轼惆怅孤独的心情。它是苏轼行书的代表作，与王羲之《兰亭集序》、颜真卿《祭侄文稿》并称为"天下三大行书"。《黄州寒食诗帖》是苏轼存世的最为精彩的墨迹之一，是其书法生涯中具有里程碑意义的代表作。（杭州西湖博物馆总馆）

《东坡题跋》

民国

纵 17.5cm; 横 12.5cm

杭州西湖博物馆总馆藏

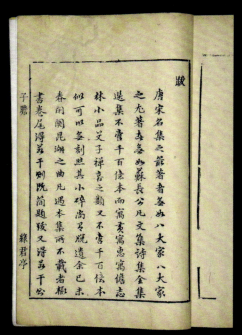

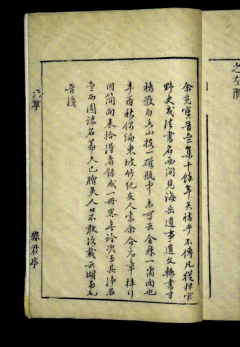

《苏米志林》

清

纵 26.0cm; 横 16.8cm

常熟博物馆藏

　　三卷，共六册，纸本。明毛晋辑，明天启五年（1625）绿君亭刻本。单边白口，无行线、鱼尾，版心下镌"绿君亭"三字。据《四库全书总目提要》记载："明毛晋撰。是书掇苏轼琐言碎事集中所遗者，编为二卷。又以米芾轶闻编为一卷。"该书记载了北宋著名文学家苏轼的琐言碎事以及米芾的轶闻趣事。该刻本出自明末清初

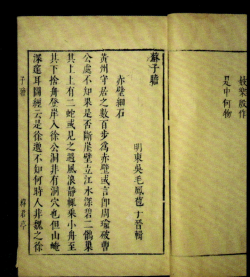

《北宋重修忠懿王庙碑》拓片

清

纵 31.0cm；横 16.7cm

常熟博物馆藏

　　拓片源为福州闽王祠后墙《重修忠懿王庙碑铭》，二册，全文近四千字，楷书。碑额篆书"重修忠懿王庙碑铭"。碑文记载了开闽忠懿王王审知的生平、治闽功绩及吴越国王为之修庙因由等，还原了闽国从乱到治，又走向灭亡的历史进程，是研究唐末五代史的珍贵史料。

　　碑文作者为第三任吴越国王钱弘佐长子钱昱，字就之，临安（今浙江杭州）人。北宋开宝七年（974），钱昱就福州刺史之职，承吴越国王钱弘俶之命缮新，塑王审知旧部孟威、张睦等 26 人配享，撰《重修忠懿王庙碑铭》，由摄闽县丞林操书丹，于北宋开宝九年（976）三月二十五日立碑。（白宇）

石雕梅花双层砚

宋

长 15.8cm; 宽 5.5cm; 高 8.0cm

天津沉香艺术博物馆藏

石砚

宋

长 25.0cm; 宽 16.0cm

天津沉香艺术博物馆藏

苏东坡澄泥砚

宋

长 28.0cm; 宽 12.0cm

天津沉香艺术博物馆藏

墨

南宋

直径 15.0cm; 高 3.0cm

天津沉香艺术博物馆藏

100

铜兽灯

东晋

长 15.0cm；高 10.0cm

天津沉香艺术博物馆藏

仿剔漆如意云纹银盒

宋

残高 4.9cm；直径 15.4cm

1987 年 6 月灵洞乡费垅口村出土

兰溪市博物馆藏

盒子，又名"合子"，古代有香盒、茶盒、粉盒等种类。香盒即盛香之盒，两宋时期流行焚香，香盒与笔、砚、熏炉也成为文房必备之物；茶盒则为盛茶末之用，由于宋时盛行点茶，需以团茶碾成粉末冲水击拂；粉盒是盛放人们美容化妆之脂粉所用。

凤凰纹压花银盒

宋

口径 9.1cm; 足径 9.4cm; 高 1.5cm

四川博物院藏

　　盒子，又名"合子"，古代有香盒、茶盒、粉盒等种类。香盒即盛香之盒，两宋时期流行焚香，香盒与笔、砚、熏炉也成为文房必备之物；茶盒则为盛茶末之用，由于宋时盛行点茶，需以团茶碾成粉末冲水击拂；粉盒是盛放人们美容化妆之脂粉所用。两宋时期的盒子生产极盛，制作也非常考究。

素面圆盒

北宋

通高 3.1cm; 盖高 1.2cm; 子口沿径 8.7cm; 腹径 9.1cm

陕西省考古研究院藏

瓷果钮香盒

宋

天津沉香艺术博物馆藏

银瓜果香盒

宋

天津沉香艺术博物馆藏

青白釉花瓣形盒

北宋

口径 5.6cm; 足径 4.0cm; 高 3.4cm

陕西长安杜回村孟氏家族墓地出土

陕西省考古研究院藏

花瓣形银盒

北宋

通高 2.5cm; 盖高 1.2cm; 母口沿径 4.3cm; 盒高 1.5cm; 子

口沿径 4cm; 腹径 4.1cm; 足径 3.1cm

陕西长安杜回村孟氏家族墓出土

陕西省考古研究院藏

青釉刻花牡丹纹套盒

北宋

大盒：盖径 17.9cm; 身径 18.1cm; 足径 15.0cm; 高 9.6cm

小盒：口径 7.5cm; 足径 6.5cm; 高 6.4cm

陕西长安杜回村孟氏家族墓出土

陕西省考古研究院藏

青釉圆盒（内有残留物）

北宋

通高 4.1cm；盖高 1.5cm；盖子口径 4.4cm；

盒口沿径 5.0cm；腹径 5.6cm；足径 4.1cm

陕西省考古研究院藏

白釉小圆盒

北宋

顶径 5.0cm；口径 5.3cm；足径 3.6cm；高 4.5cm

陕西长安杜回村孟氏家族墓地出土

陕西省考古研究院藏

吉州窑玳瑁箸瓶

宋

高 13.5cm

天津沉香艺术博物馆藏

香箸、香匙

宋

天津沉香艺术博物馆藏

青釉狻猊香熏

北宋

通高 28.2cm; 口径 6.8cm; 炉身最大径 10.3cm;

炉座最大径 10.5cm; 高 12.0cm

陕西长安杜回村孟氏家族墓出土

陕西省考古研究院藏

　　狻猊是中国古代神话中龙生九子之一,
其形如狮,喜烟好坐,所以形象一般出现在
香炉上,随之吞烟吐雾。宋时流行狻猊居于
莲花座上,精巧典雅。

麒麟形铜熏

宋

腹径 11.0cm；高 20.0cm

四川博物院藏

景德镇窑米黄釉瓷贴环耳三足鼎

宋

口径 16.0cm; 高 17.1cm

景德镇米黄釉瓷鼎炉修复标本件

景德镇陶溪川青白瓷博物馆藏

　　此展品整体造型仿古青铜器圆鼎，折沿平口，炉颈束口，圆腹贴双耳，通体素面无纹，三足细长呈管状，均匀分布于炉底。该炉造型匀净，线条流畅，釉色米黄有开片。有同造型、同釉色器物曾出水于韩国新安元代沉船。以往人们缺乏对宋元景德镇米黄釉瓷器的了解，近年来随着考古及研究的深入才被学术界关注与认识。（邓增文）

景德镇青白瓷手炉

宋

口径 17.3cm; 足径 9.3cm; 高 18.6cm

景德镇陶溪川青白瓷博物馆藏

　　此展品平口折沿, 直壁, 深弧腹底, 炉膛满釉, 口腹均有窑烧落渣滓痕迹。炉柄高而有两圈塔沿状裙边, 每圈裙边均刻放射状凸棱, 底足平折而中空。该器物造型小巧别致, 装饰繁简有秩, 釉色青白典雅。以往藏者多习惯性将该类器物称为"行炉", 而据景德镇陶溪川青白瓷博物馆专题展览研究考证, 应循唐宋古称"手炉"。（邓增文）

景德镇青白瓷刻莲花口竹节柄足豆炉

宋

口径 7.5cm; 足径 5.3cm; 高 8.4cm

景德镇青白瓷豆炉修复标本件

景德镇陶溪川青白瓷博物馆藏

　　此展品十分少见，在宋代青白瓷香炉中尺寸较大。豆状造型，整体好似一朵盛开的荷花，炉身上半部分为碗状，口部刻层叠状荷花瓣口，花筋装饰，深腹，内壁未施釉，为典型香炉风格。炉柄呈实心喇叭状，柄身有两圈凸节装饰，矮圈足，涩底，可见七个小泥块支烧凹痕。器物整体造型优美，刀工犀利，釉色莹澈。（邓增文）

青釉刻花八卦纹鼎

北宋

口径 12.2cm; 耳间距 14.5cm; 足径 11.4cm; 高 12.2cm

陕西长安杜回村孟氏家族墓地出土

陕西省考古研究院藏

石三足香炉

宋

高 15.0cm

天津沉香艺术博物馆藏

沉香

高 15.0cm

天津沉香艺术博物馆藏

沉香

长 21.0cm

天津沉香艺术博物馆藏

120

东坡与他的朋友们

苏轼始终保持着赤诚和快乐的心态，这与他和朋友之间充满温情的关系密不可分。苏轼深知人心难以捉摸："人之难知也，江海不足以喻其深，山谷不足以配其险，浮云不足以比其变。"却仍真诚地与人交往。与他同时代的文人王辟之在《渑水燕谈录》中评论苏轼："虽才行高世，而遇人温厚，有片善可取者，辄与人倾尽城府，论辩唱酬，间以谈谑，以是尤为士大夫所爱。"

青白釉带托茶盏

宋

盏：口径 13.1cm；足径 4.0cm；高 3.9cm

托盘：口径 13.6cm；足径 5.7cm；高 4.9cm

托杯：口径 8.7cm

镇江博物馆藏

　　托杯敞口，尖唇，弧腹；托盘敞口，尖唇，浅弧腹，浅圈足外撇，中空。洁白胎，施青白釉，釉面光亮，有冰裂纹，足底无釉，有支烧垫渣痕迹。（镇江博物馆）

青釉托盏

北宋

盏：口径 10.5cm；足径 3.4cm；高 4.1cm

托盘：口径 13.2cm；足径 5.0cm；高 7.5cm

陕西长安杜回村孟氏家族墓地出土

陕西省考古研究院藏

金勺

宋

长 24.0cm

天津沉香艺术博物馆藏

铜匙

北宋

匙径 3.1cm×2.2cm

阔叶花蕾径 2.9cm×2.5cm

柄长 13.3cm

通长 19.3cm

陕西省考古研究院藏

银龙冠饰件

辽金

长 18.3cm

易县高陌乡大北城村出土

易县博物馆藏

磁州窑系刻花黑釉瓷罐

宋

口径 3.6cm; 足径 9.5cm; 高 24.3cm

四川博物院藏

绿釉画花陶水注

宋

口径 3.6cm; 足径 12.2cm; 高 12.5cm

四川博物院藏

景德镇窑青白釉刻花梅瓶

宋

口径 4.9cm; 足径 12.2cm; 高 39.1cm

四川博物院藏

青白釉瓜棱形带盖执壶

宋

口径 6.6cm; 足径 10.6cm; 高 14.8cm

镇江博物馆藏

壶直口，圆唇外卷，束颈，弧肩，瓜棱形鼓腹，平底。肩部设宽扁执手，边缘刻凹槽，上部设管状系；执手对应位置设弧形流，流口削平，执手与流最高处与壶口沿齐平。腹中部划一条弦纹，其上刻藻叶纹，洁白色胎，通体施青白釉，釉面光亮青翠，底部有支烧垫渣痕。

壶盖顶面下凹，边缘设一管状系，中间塑一花苞形钮，钮低于盖面，子口。洁白胎，盖面施青白釉，釉色偏黄，略失透。（镇江博物馆）

湖田窑青白釉酒具一组

宋

注子高 21.3cm; 注碗高 12.7cm;

盏：口径 10.9cm; 高 5.0cm;

托：直径 14.3cm; 高 4.8cm

天津沉香艺术博物馆藏

莲花碗

辽金

高 5.0cm; 口径 8.8cm

易县高陌乡大北城村出土

易县博物馆藏

银壶

北宋

陕西长安杜回村孟氏家族墓地出土

陕西省考古研究院藏

莲花小银碗

辽金

口径 9.1cm；高 5.0cm

易县高陌乡大北城村出土

易县博物馆藏

莲花小银碗

辽金

口径 8.7cm；高 4.9cm

易县大北城金银器窖藏出土

易县博物馆藏

六曲花口，外翻口沿饰锥点
缠枝卷草纹，圈足下方饰以连珠
纹勾边的羽状纹，纹饰鎏金，十
分华丽。从造型来看，当是酒盏。
这件莲花银碗出自河北易县的金
银器窖藏，同出的金银饮食器皿
丰富，并作各样花卉形式的变化，
可见当时饮食器具之精湛。

团花银盏

宋

口径 11.2cm; 足径 2.9cm; 高 3.5cm

四川博物院藏

水波纹盏

宋

口径 10.9cm; 足径 2.5cm; 高 4.6cm

四川博物院藏

银盏

宋

口径 10.7cm; 高 4.2cm

四川博物院藏

菊花形银酒盏

宋

口径 8.7cm; 高 4.2cm

四川博物院藏

六曲葵瓣碗

北宋

口径 15.0cm; 足径 4.6cm; 高 3.9cm

陕西蓝田吕氏家族墓出土

陕西省考古研究院藏

螺钿刻花香盘

宋

直径 28.0cm

天津沉香艺术博物馆藏

青白釉茶碟

宋

口径 11.0cm; 足径 3.6cm; 高 2.1cm

镇江博物馆藏

　　六曲花口, 器内出筋, 敞口, 尖唇, 浅弧腹, 平底。洁白胎, 通体施青白色釉, 略泛黄色, 有冰裂纹, 底心釉刮去, 有墨书"包通"。（镇江博物馆）

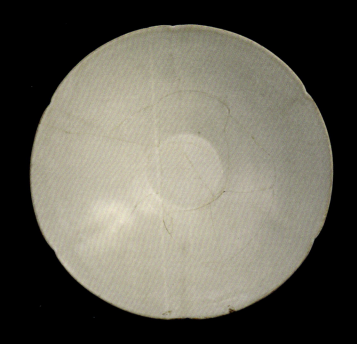

白釉葵口碗

北宋

口径 19.4cm; 足径 5.4cm; 高 5.9cm

陕西省考古研究院藏

白釉葵口盘

北宋

口径 24.2cm; 足径 7.0cm; 高 6.0cm

陕西省考古研究院藏

景德镇窑青白釉模印葵花形芒口瓷碟

南宋

口径 11.2cm; 足径 6.1cm; 高 1.7cm

遂宁市博物馆藏

青白釉茶钵

宋

口径 11.8cm; 足径 4.9cm; 高 3.8cm

镇江博物馆藏

敞口，圆唇，浅弧腹，圈足极矮。洁白胎，施青白釉，釉面光亮，口部不施釉，包银边，银边脱落严重。（镇江博物馆）

胎白坚致细腻，釉白莹润，外底无釉。五曲花口，浅腹，平底。采用手工压棱法，趁胎体未干时用条状工具压出较深的凹棱，口部呈现弧形起伏。底部划一行书"官"款。内底满划两只展翅飞翔的蝉纹，蝉间饰卷云纹。蝉只食露水，有性情高洁之寓，在古代被当作君子的象征。而蝉由蝉蛹蜕变而成，则有脱胎换骨、轮回复生之意。（李佳）

定窑白釉花瓣形"官"字款对蝉纹盘

北宋

口径 10.3cm; 足径 5.8cm; 高 3.0cm

1969 年定州市静志寺塔基地宫出土

定州博物馆藏

耀州窑豆青印花瓷盏

宋

口径 12.3cm; 足径 3.4cm; 高 12.3cm

四川博物院藏

耀州窑青釉刻花牡丹纹花口碗

宋

口径 12.8cm

天津沉香艺术博物馆藏

青釉刻花牡丹纹盘

北宋

口径 26.0cm; 腹最大径 26.8cm;

足径 16.0cm; 高 4.4cm

陕西长安杜回村孟氏家族墓地出土

陕西省考古研究院藏

第六单元

不忘初心

苏轼一生为官四十载，历任八州知州，坚持民本思想，心系百姓，仁政爱民。无论是在朝廷任职，还是在地方为官，甚至被贬流放，他始终不忘初心，以人民与国家社稷为重，为百姓办实事，取得了令人瞩目的千秋功业。

风字形澄泥砚

北宋

面长 16.1cm; 前宽 9.8cm; 后宽 9.4cm

底长 14.6cm; 前宽 9.0cm; 后宽 8.6cm

高 2.9cm

陕西省考古研究院藏

风字形砚

北宋

面长 17.4cm; 前宽 11.2cm; 后宽 9.8cm

底长 14.6cm; 前宽 8.7cm

高 3.3cm

陕西省考古研究院藏

长方形歙砚

北宋

面长 15.8cm; 前宽 9.6cm; 后宽 10.2cm

底长 14.2cm; 前宽 8.5cm; 后宽 9.1cm

高 3.0cm

陕西省考古研究院藏

青石抄手砚

南宋

长 24.4cm; 宽 16.1cm; 高 3.8cm

四川博物院藏

　　文房四宝中，石砚在使用过程中消耗少，历久弥新。如果质地上佳，更是为主人所珍爱。它理所当然地伴随主人一生，生前亲爱，死后陪伴。因其耐久，所以在考古中也是最常发现的。从形制上讲，唐代流行的风字砚在两宋时期仍然广泛使用，圆砚也很常见。而宋代的抄手砚则更具特色。从质地上讲，端、歙石是宋代砚的主要材质，此外还有洮砚、红丝石砚、贺兰石砚和澄泥砚等。

汲郡呂氏
山之皆師子也
不族煩以誨其自而有勤於
親歲丑疾冀其目有成於孝謹
二乙日十月夭長成生貫十元
豐宣義丁酉乙酉于安越賣十元有
有父原王郎歸裕酉地藍越田外
王之太銘郎府君之之不藍田外辛外
姻孰之銘曰謹麟君之之不幸
為天賦其秀謹傷麟之其壽無所歸谷
中而傷子麟者義
孝謹聰惠羲
十內外
有外惠
元

呂麟墓志拓片

北宋

長 30.0cm; 寬 30.0cm

陝西省考古研究院藏

酱釉葵口盘

北宋

口径 18.5cm; 足径 5.5cm; 高 4.3cm

陕西蓝田吕氏家族墓园 M12 吕大圭与前
妻张氏合葬墓出土

陕西省考古研究院藏

酱釉葵口碟

北宋

口径 12.0cm; 足径 2.7cm; 高 2.3cm

陕西蓝田吕氏家族墓园 M12 吕大圭与前
妻张氏合葬墓出土

陕西省考古研究院藏

宋钧瓷碟

宋

口径 11.5cm; 足径 4.0cm; 高 2.3cm

开封博物馆藏

宋钧瓷盘

宋

口径 18.4cm; 足径 6.0cm; 高 4.0cm

河南省许昌市禹州市白沙出土

开封博物馆藏

　　该盘直口，浅腹，平底，圈足，通体
施兰灰色釉。（开封博物馆）

宋钧瓷盘

宋

口径 15.0cm; 足径 5.5cm; 高 3.2cm

河南省许昌市禹州市白沙出土

开封市博物馆藏

　　该盘直口，壁微斜，平底，圈足，通体施兰灰色釉，并有细小开片。（开封市博物馆）

宋钧瓷罐

宋

口径 10.9cm; 足径 6.5cm; 高 11.0cm

河南省许昌市禹州市白沙出土

开封市博物馆藏

　　该器物撇口，短颈，鼓腹，圈足，颈部有两耳，通身饰青釉，底部无釉，口部破。（开封市博物馆）

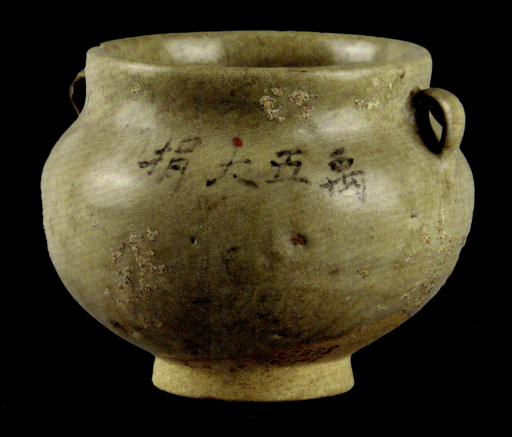

尖底双耳瓷瓶

宋

口径 6.0cm; 腹围 49.5cm; 足径 5.2cm 高 31.0cm

河南省许昌市禹州市白沙出土

开封市博物馆藏

　　该瓶小口，重唇，丰肩，肩部有桥形双系，直筒腹，尖底，瓶身有数道弦纹，未施釉。(开封市博物馆)

白釉瓜楞瓷罐

宋

口径 9.5cm; 足径 6.1cm; 高 9.0cm

河南省许昌市禹州市白沙出土

开封市博物馆藏

　　该罐直口，短颈，瓜楞腹，圈足。通体施白釉，施釉不到底。

（开封市博物馆）

雪浪石盆铭拓片

拓片内径 104.0cm; 外径 131.0cm

拓片纸张长 157.0cm; 宽 145.0cm

定州博物馆藏

　　雪浪石，是苏轼于"中山后圃"发现的一块奇石。此石黑质白脉，中涵若隐若现的水纹，如蜀地著名画家"孙位、孙知微所画石间奔流，尽水之变"（《雪浪斋铭引》）。"激水其上"，似雪浪翻飞，遂取名"雪浪石"。苏轼派人从曲阳运来汉白玉石，琢成芙蓉盆以盛之，并置斋名曰"雪浪斋"。而且，苏轼还写下两首《雪浪石》，又作《雪浪斋铭》铭于盆唇："尽水之变蜀两孙，与不传者归九原。异哉驳石雪浪翻，石中乃有此理存。玉井芙蓉丈八盆，伏流飞空漱其根。东坡作铭岂多言，四月辛酉绍圣元。""雪浪石""雪浪斋"被历代文人所喜爱。当时苏辙、李之仪、秦观、张耒、晁补之、参寥子等皆有和作，后世文人墨客也多来拜望瞻仰。乾隆皇帝几下江南，驻跸定州，每次都要步韵题诗并御制碑文，流传至今的尚有十余首。　（李佳）

回望东坡

在近千年的历史长河中，苏东坡早已成了人们心中的一座文化丰碑，他的艺术成就、人格风范、生活哲学都被世人传诵、欣赏和追求。在中国文化发展史中，苏东坡是不可替代的，他是中华文化的卓越代表，是中华美学的巅峰人物。

走龙笔架

明

长 16.0cm

天津沉香艺术博物馆藏

石笔架山形镇纸

明

长 32cm; 宽 4cm; 高 10.4cm

天津沉香艺术博物馆藏

　　苏轼之后，宋人爱石之风更盛，文人墨客们最为钟爱的是那些山峰陡峭、形态古奇的天然巧石，它们常常被选作镇纸、笔山的制作材料。南宋赵希鹄《洞天清录·笔格辨》云："灵璧、英石自然成山形者可用，于石下作小漆朱座，高寸半许，奇雅可爱。"

青铜笔架

南宋

长 18cm; 高 4.8cm

1987 年 6 月灵洞乡费垅口村出土

兰溪市博物馆藏

　　底部中空，呈梭状，上有七峰，高低不一。 （孙晨）

无名氏斗浆图册

南宋

纵 83.0cm；横 56.6cm

黑龙江省博物馆藏

　　黑龙江省博物馆藏南宋《斗浆图》，真实地再现了宋代普通百姓在街市斗茶的场景。

　　《斗浆图》绢本，设色，曾为清初书画收藏家张则之的藏品。画作以花青、赭石、藤黄为主要色彩，通过明暗烘托以增强立体感和空间感。画中六位斗茶者皆头扎皂色裹巾，上穿齐膝白色或青色襦袄衫，下着白裤，其中三人脚穿草鞋，一人脚穿蓝色布鞋，还有一老者赤脚，再现了宋代"诸行百户，衣装各有本色，不敢越外"中的小街商服饰。这些人神态各异、栩栩如生：有的提着茶瓶倒茶，有的边提茶瓶边夹炭理火，有的端茶于嘴边细细品茶，有的手提茶盏似乎在交流着什么……

　　作为南宋风俗画的代表作之一，《斗浆图》所描绘的十分热闹的街头巷尾斗茶情景，在生动展现了宋代斗茶风气之盛的同时，也充分反映了宋代独具特色的斗茶文化和市井生活。（黑龙江省博物馆）

吉州窑月影梅盏

宋

口径 10.8cm；高 5.6cm

天津沉香艺术博物馆藏

吉州窑奔鹿纹盏

宋

口径 13.5cm；高 6.7cm

天津沉香艺术博物馆藏

　　吉州窑工艺特色鲜明，以具有禅趣的桑叶盏、别具一格的漏花、玳瑁以及质朴秀雅的釉下彩绘最负盛名。其产品融会儒、释二教，法效南北百工，造型与装饰内容包罗万象，蕴含着极其丰富的社会历史文化信息。

建窑兔毫盏

宋

口径 19.0cm; 高 9.2cm

天津沉香艺术博物馆藏

吉州窑窑黑釉盏

宋

口径 12.9cm; 高 7.0cm

天津沉香艺术博物馆藏

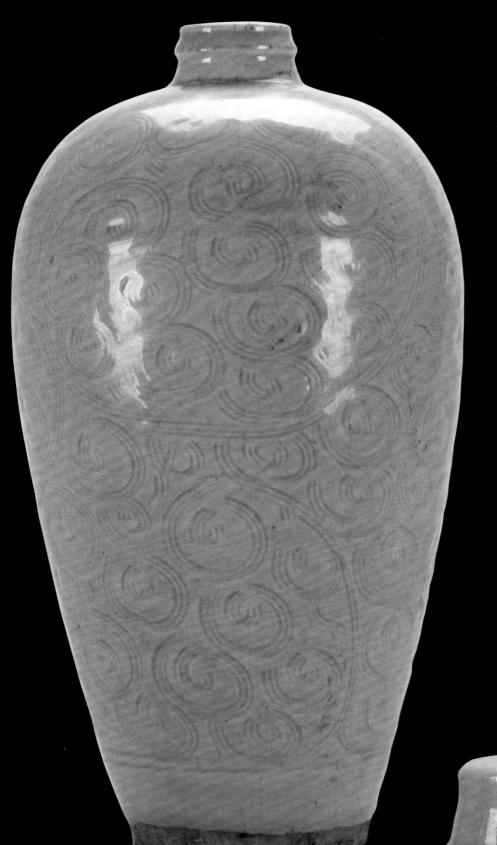

景德镇窑青白釉刻花卷草纹带盖瓷梅瓶

南宋

瓶高 25.7cm; 口径 3.4cm;

足径 6.7cm; 腹径 13.7cm

盖高 3.4cm; 盖径 5.3cm

通高 27.3cm

遂宁市博物馆藏

　　小口，短颈，丰肩，瓶体修长。从肩部到足部满饰刻画卷草纹，刻工精细，造型端庄，釉色晶莹，纹饰清晰。因后世多用来插梅花，故有"梅瓶"之称，在宋代实为盛酒器，器盖是为防止酒气挥发。（遂宁市博物馆）

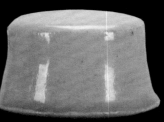

凤鸟纹银执壶

宋

口径 3.2cm; 足径 7.1cm; 高 31.0cm

彭州市文物保护管理所藏

　　注子直口, 束颈, 肩处起一折棱, 鼓腹, 平底内凹成假圈足。片形柄, 流已残。盖上部呈凤鸟头形, 勾喙如鹰, 冠毛长飘, 栩栩如生。壶身通体錾刻凤鸟纹、折枝牡丹纹和缠枝花纹, 纹饰鎏金, 凤鸟纹与壶盖凤头非常相似, 双翅高展, 凤尾细长, 弯曲上飘, 整个图案构思巧妙, 线条流畅。凤首形注子的造型在宋代金银器中为首次发现。这种形制明显不是宋代的作风, 可能与唐代流行的胡瓶有一定的联系, 唐代陶瓷器中多有与其相近的凤首。器物具有立体感和真实感, 整器比例协调, 构思奇特, 精美无比, 体现了宋人的审美情趣。　(刘勇伟)

瓜棱银壶

宋

口外径 11.6cm; 足径 10.1cm; 腹径 20.0cm; 高 24.5cm

彭州市文物保护管理所藏

翻唇，宽折沿，束颈，阔肩，腹呈十二瓜棱状，下为圈足。足外壁錾刻"吉庆号"三字，器底亦浅刻"吉庆号"三字，字较大。通体素面。锤揲成形，器表磨光，厚重而不失大气，凝练而不失饱满。这种形式的瓜棱壶在宋代并不常见，宋代常见的是一种名为瓜棱形注子的酒具，同样为瓜棱形器身，但带有流和柄。宋代金银器的一个显著的特点是多仿生器。（刘勇伟）

银葵口盘、盏

宋

盘直径 11.0cm

盏直径 7.5cm

天津沉香艺术博物馆藏

葵形银盏

宋

口径 12.3cm; 足径 4.4cm; 高 5.2cm

彭州市文物保护管理所藏

　　方唇，六瓣葵形口，喇叭形高圈足。盏体呈互相叠压的六瓣形，在每瓣边缘分饰莲花、葵花、梅花、牡丹花、石榴花及桃花纹饰，均衬以小碎点纹。盏内心饰六瓣团花一朵，花蕊高凸，中有一凸棱。凸棱上端满饰鱼子纹；下端为圆柱形；中又有一圆蕊，蕊瓣上刻细密的叶脉纹。蕊下腹地为柿形花瓣六瓣，每瓣上满饰鱼子纹。盏足外壁下部饰弦纹一周。盏内底团花镀金，使此盏成为"金花银盏"。宋代晏殊《菩萨蛮》中"晓来清露滴，一一金杯侧"，以酒盏拟葵花。宋元时代之"葵花"，均指锦葵科的蜀葵，更有名曰"侧金盏"。彭州宋代金银器窖藏中所出金花银盏，器肖蜀葵之形。（刘勇伟）

梅花银杯

宋元

口径 9.0cm; 高 3.5cm

平武报恩寺博物馆藏

葵形银茶托

宋

口径 8.7cm; 足径 7.2cm; 托径 15.5cm

彭州市文物保护管理所藏

上部如杯，方唇，口微敛，直腹微鼓。中部如盘，微上翘，沿下折，呈六瓣葵花形。下为喇叭口形高圈足。器中空，无底。上、中、下三部分分别锤揲加工成形，由上部内折将其三部分连成一体。葵形茶托出现于唐代，是彭州窖藏中数量最多的器物之一。这类茶托与杯为成套器具，杯放于托之上，杯的腹部置于托的口部。茶托在晋代就出现了，主要功用是避免烫手；到了宋代，几乎成为茶盏的固定附件。（刘勇伟）

花瓣刻画叶脉纹；近口沿处饰一周凹弦纹。碗足外壁錾铭"绍熙改元舜字号"七字。绍熙元年为1190年，是这件金碗的制造时间，"舜字号"可能是制造商家的名款。菊花碗为象生花式碗中最常见的样式之一，其流行始于宋代。

菊花金碗

宋

口径 10.4cm; 足径 4.0cm; 高 4.6cm

彭州市文物保护管理所藏

　　圆唇微外侈，口为三十二曲；弧腹，呈凸起的菊花瓣形状；高圈足呈菊花形状。碗心饰一圆形花蕊，花蕊四周花瓣刻画叶脉纹；近口沿处饰一周凹弦纹。碗足外壁錾铭"绍熙改元舜字号"七字。"绍熙"为南宋光宗赵惇的年号，绍熙元年为 1190 年，是这件金碗的制造时间，"舜字号"可能是制造商家的名款。菊花碗为象生花式碗中最常见的样式之一，其流行始于宋代。《事林广记·庚集》卷九在"菊花"名下举其"绮语"曰"傲霜""寿客"，"寿客"之称正是所谓口彩，祝寿风气之下，菊花碗特别为人所喜，此或为原因之一。（刘勇伟）

六曲葵口银盘

宋

口径 20.7cm; 足径 16.5cm; 高 1.2cm

彭州市文物保护管理所藏

　　六曲葵瓣形口，腹呈六棱形。折沿上饰一周缠枝花卉纹，花下衬鱼子纹地。内底中心饰一折枝牡丹花。这种六曲葵口器是宋代金银器常见的器形，银盘所采用的装饰纹样也是宋代金银器流行的题材。宋代金银器以唐代高度发达的装饰艺术为基础，经过不断的创新最终形成了自己的风貌，以各种不同的技法加工出种种形象逼真而又生动活泼的纹饰图案，散发着浓郁的生活气息。这些纹饰多采用写实手法，布局上突破了唐代流行的团花格式，显得灵动飘逸、韵味十足。上述特点在这件六曲葵口银盘上得到了很好的体现。（刘勇伟）

瓜形金盏

宋

长 10.0cm; 宽 6.8cm; 高 3.6cm

1993 年四川省彭州宋代窖藏出土

彭州市文物保护管理所藏

　　方唇，直口，斜腹，圆底。整体呈长条五棱瓜形。瓜柄扭成一圈；瓜蒂处饰五片叶子，每片饰细密叶脉纹；瓜棱内用小鱼子纹饰成卷草纹，近瓜脐处饰双卷叶折枝花纹，内以小碎点纹衬地；瓜脐外鼓，上饰小碎点纹。瓜脐边錾铭"齐"字，可能指器物的拥有者。《诗经·大雅·绵》以"绵绵瓜瓞"象征繁荣昌盛，由宋及元、明、清，瓜的造型和纹饰始终在金银器制作中流行不衰。此器为宋元时代筵席上敬酒而用，兼具劝酒与赏玩之功。斟满酒之后便始终为人手持，因此放置的稳定性并不在造型设计的考虑之中。　（刘勇伟）

瓜形金盏

宋

长 9.7cm; 宽 6.7cm; 高 3.5cm

1993 年四川省彭州宋代窖藏出土

彭州市文物保护管理所藏

龙泉窑青釉瓷盏

宋

口径 14.1cm; 足径 4.5cm; 高 4.0cm

四川博物院藏

龙泉窑青釉刻花莲瓣敛口斜腹瓷净水碗

南宋

口径 13.3cm; 足径 4.5cm; 高 6.4cm

腹最大径 14.5cm

遂宁市博物馆藏

　　这是一种较为独特的祭供器皿。敛口的设计使整个器物看起来婉转柔和，内外所施青釉浑厚滋润，与浑圆精巧的器形完美交融。外壁刻画双层莲瓣纹，外层九瓣，内层八瓣。（遂宁市博物馆）

龙泉窑青釉素面斜直腹瓷斗笠碗

南宋

口径 16.3cm; 足径 4.5cm; 高 5.7cm

遂宁市博物馆藏

龙泉窑豆青釉瓷洗

宋

口径 17.3cm; 足径 10.2cm; 高 5.5cm

四川博物院藏

龙泉窑青釉素面敞口斜直腹圆瓷洗

南宋

口径 12.8cm; 足径 6.6cm; 高 3.8cm

遂宁市博物馆藏

景德镇窑青白釉刻花莲瓣纹芒口带盖瓷杯

南宋

盖径 8.4cm; 高 2.3cm

杯口径 8.2cm; 腹径 7.9cm; 足径 4.7cm; 高 6.8cm

通高 8.6cm

遂宁市博物馆藏

景德镇窑青白釉素面芒口铜扣薄胎深腹带盖瓷碗

南宋

盖径 17.5cm; 高 4.9cm

碗口径 16.3cm; 足径 7.0cm; 高 8.2cm

通高 12.8cm

遂宁市博物馆藏

**景德镇窑青白釉刻花莲瓣纹
芒口深腹带盖瓷碗**

南宋

盖径 15.9cm; 高 4.5cm

碗口径 15.9cm; 足径 7.8cm; 高 9.0cm

通高 13.4cm

遂宁市博物馆藏

龙泉窑青釉刻花莲瓣纹深腹带盖瓷碗

南宋

盖径 12.4cm; 口径 9.8cm; 高 2.9cm

碗口径 11.7cm; 腹径 11.8cm; 足径 6.7cm; 高 7.3cm

通高 9.7cm

遂宁市博物馆藏

景德镇窑青白釉印花双鱼纹芒口瓷碟

南宋

口径 10.8cm; 足径 7.1cm; 高 1.9cm

遂宁市博物馆藏

景德镇窑青白釉印花"犀牛望月"纹铜扣瓷盘

南宋

口径 18.9cm; 足径 13.8cm; 高 3.2cm

遂宁市博物馆藏

景德镇窑青白釉刻画双鱼纹六出芒口浅腹瓷碗

南宋

口径 18.3cm; 足径 6.3cm; 高 4.6cm

遂宁市博物馆藏

景德镇窑青白釉刻花萱草纹芒口瓷碟

南宋

口径 10.6cm; 足径 8.7cm; 高 2.0cm

遂宁市博物馆藏

　　碟内底装饰刻画萱草纹，这种花纹在我们现代社会好像比较少见，但在古代民间，萱草纹却是一个非常常见并被人喜爱的吉祥图案。萱草别名众多，有金针、忘忧草、宜男草等名。

景德镇窑青白釉印花双凤纹芒口深腹瓷碗

南宋

口径 18.6cm; 足径 6.6cm; 高 6.4cm

遂宁市博物馆藏

景德镇窑青白釉刻画婴戏纹浅腹瓷碗

南宋

口径 18.9cm; 足径 5.5cm; 高 5.5cm

遂宁市博物馆藏

景德镇窑青白釉菊瓣形敞口折腹瓷碟

南宋

口径 10.7cm; 足径 3.2cm; 高 2.3cm

遂宁市博物馆藏

景德镇窑青白釉刻划团花纹浅腹瓷碗

南宋

口径 17.8cm; 足径 6.0cm; 高 5.6cm

遂宁市博物馆藏

景德镇窑青白釉印花大雁纹芒口瓷碟

南宋

口径 10.9cm; 足径 6.3cm; 高 2.3cm

遂宁市博物馆藏

弦纹银壶

宋

口径 5.7cm; 足径 7.9cm; 托径 11.2cm

彭州市文物保护管理所藏

　　卷唇，喇叭形口，球形腹，台阶状高圈足，足沿外卷。颈部及腹部各饰两道捶击而成的凸弦纹。壶底内台阶上錾铭"丁卯鱼羊行可"六字，标明了器物的制造时间。这种银壶，是随桌、案的发达，因陈设需要而兴盛起来的，其功用有陈设器和饮器两种说法。宋人杨万里诗句"胆样银瓶玉样梅，北枝折得未全开。为怜落寞空山里，唤入诗人几案来"，描绘的正是如此情景。（刘勇伟）

龙泉窑豆青釉五管瓷花插

宋

口径 14.7cm; 足径 10.1cm; 高 4.0cm

四川博物院藏

　　宽沿口、直腹、圈足。内底有五个空心直立小圆柱，柱下均有一圆孔。此件为宋代独特的花器，有意识控制管束花器，花材不需要依靠彼此的支撑就能挺立起来。这一创举也影响了此后一千多年的插花技法。这是瓶花史上第一件专门为插花设计的花器。

龙泉窑青釉斜盘口鼓腹竹节形瓷瓶

南宋

口径 9.2cm; 腹径 15.6cm; 足径 11.6cm; 高 30.5cm

遂宁市博物馆藏

　　此件盘口瓶施梅子青釉，釉面光洁而略有起伏凹凸，釉色翠绿温润，釉层肥厚。此器因具有竹之意态，也被称为"竹节瓶"。颈部和腹部运用"出筋"的装饰技法，饰多层凸弦纹。

龙泉窑豆青釉盘口弦纹瓷瓶

宋

口径 10.5cm; 足径 11.0cm; 高 30.0cm

四川博物院藏

龙泉窑青釉大贯耳瓷瓶

南宋

口径 4.9cm; 腹径 15.4cm; 足径 10.6cm; 高 31.5cm

遂宁市博物馆藏

口径 6.0cm; 足径 4.7cm; 高 15.5cm;

四川博物院藏

龙泉豆青瓷瓶

宋

口径 6.0cm; 足径 4.7cm; 高 15.5cm;

四川博物院藏

龙泉窑青釉模印菱形瓜棱式瓷瓶

南宋

高 16.2cm

遂宁市博物馆藏

官窑青瓷鬲式炉

南宋

口径 15.1cm; 高 10.3cm

杭州西湖博物馆总馆南宋官窑馆区藏

龙泉窑青釉兽耳衔环直口深弧腹鼎式瓷炉

南宋

口径 11.1cm; 腹径 10.9cm; 足径 4.3cm; 高 11.0cm

遂宁市博物馆藏

景德镇窑青白釉八棱鼎式瓷炉

南宋

口径 9.4cm; 腹径 11.5cm; 高 15.1cm

遂宁市博物馆藏

三足作象鼻卷曲状, 堆塑精致细密。
所谓"堆塑", 系将手捏或模制的立体
纹样粘贴在坯体上, 施釉后入窑烧制成
型。(遂宁市博物馆)

光接天縱一葦之所如凌萬頃之茫然浩浩乎如馮虛
御風而不知其所止飄飄乎如遺世獨立羽化而登僊
於是飲酒樂甚扣舷而歌之歌曰桂棹兮蘭槳擊空明
兮泝流光渺渺兮予懷望美人兮天一方客有吹洞簫
者倚歌而和之其聲嗚嗚然如怨如慕如泣如訴餘音
嫋嫋不絕如縷舞幽壑之潛蛟泣孤舟之嫠婦蘇子愀然
正襟危坐而問客曰何為其然也客曰月明星稀烏鵲
南飛此非曹孟德之詩乎西望夏口東望武昌山川相
繆鬱乎蒼蒼此非孟德之困於周郎者乎方其破荊州
下江陵順流而東也舳艫千里旌旗蔽空釃酒臨江橫
槊賦詩固一世之雄也而今安在哉況吾與子漁樵於江
渚之上侶魚蝦而友麋鹿駕一葉之扁舟舉匏樽而相
屬寄蜉蝣於天地渺滄海之一粟哀吾生之須臾羨長
江之無窮挾飛僊以遨遊抱明月而長終知不可乎驟
得託遺響於悲風蘇子曰客亦知夫水與月乎逝者如
斯而未嘗往也盈虛者如彼而卒莫消長也蓋將自其
變者而觀之則天地曾不能以一瞬自其不變者而觀
之則物與我皆無盡也而又何羨乎且夫天地之間物
各有主苟非吾之所有雖一毫而莫取惟江上之清風
與山間之明月耳得之而為聲目遇之而成色取之無
禁用之不竭是造物者之無盡藏也而吾與子之所共
容喜而笑洗盞更酌肴核既盡杯盤狼籍相與枕藉乎
舟中不知東方之既白

子瞻讀此文而想之云右之遠者蘇黃州覽畫赤壁等餘秋
至女賦之右誦庵如與公同舟凌出興物遊東山
月出水漫泛渚風徐來酒玉手羽人明虛是丹邱曹吳勝頁
江山差洞簫一穀生遠鬼眼前水月去知否一笑自遲偉右頭

鄆水潜葊玉夢龍

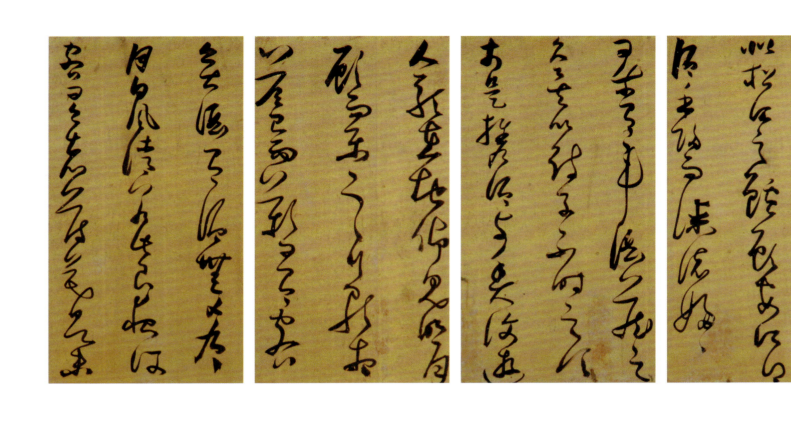

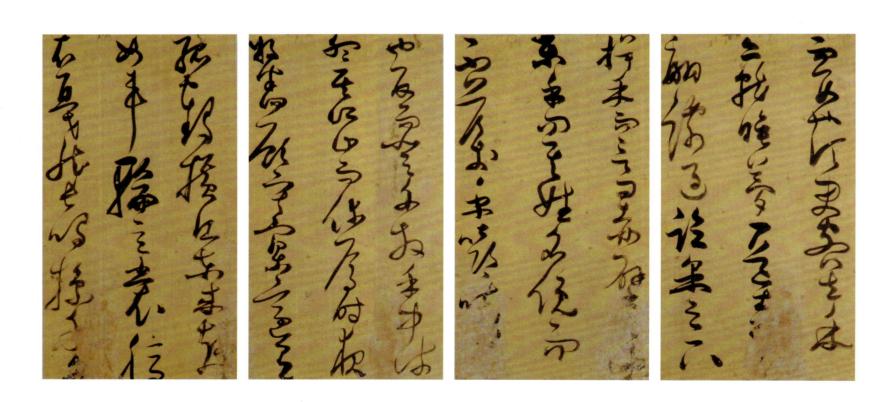

张瑞图草书后赤壁赋册

明

画心纵 33.0cm；横 18.6cm

裱件纵 43.0cm；横 48.2cm

四川博物院藏

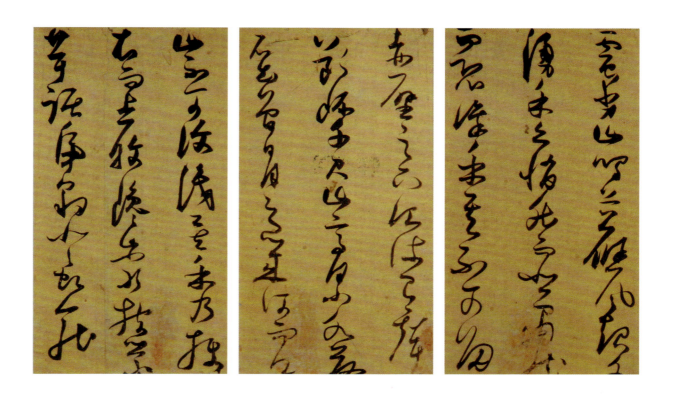

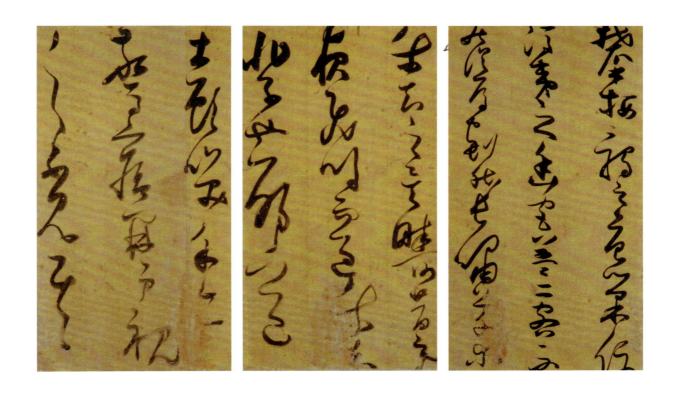

张瑞图是晚明书派重要人物，与董其昌等并称"晚明四大家"，其书法风貌鲜明奇异，其辨识度之高，历代难有相匹者。此件《赤壁赋》书法册页，是其存世不多的早期作品之一，属承继学习阶段，较为少见。

竹雕周松崖刻"赤壁泛舟图"笔筒

清

直径 11.6cm；高 14.8cm

安徽博物院藏

　　该笔筒截面呈椭圆形，外壁浅浮雕图案为北宋文学家苏轼与友人夜游赤壁的故事。雕刻画面是刻工根据苏轼的词赋原意进行创作的，画面层次分明，布局合理。整个笔筒大多被滔滔江水占据，江边群峰耸立、崖石嶙峋，古树摇曳，民居隐现，一叶扁舟置于笔筒的中心位置，正经过水流的湍急处。船舱内，头戴东坡帽、神态自若之人正是苏轼，他与两位友人泰然而坐，几案上放置了酒杯，一旁有食盒，似在吟诗作赋，一旁有童子和食盒，船尾的摇橹船夫安守职责，整个画面形象地描绘了苏轼与友人夜游赤壁的情景。崖壁留白处刻有高凤翰题识："杭郡周松崖先生刻竹古秀宜人，此筒其手制也。乾隆戊子云阜左手识。"下署"松崖"，刻印"宝""书"阴款。乾隆戊子年为乾隆三十三年，即 1768 年。笔筒雕刻人周松崖无考，然从图案巧妙的构思、大气而细腻的雕刻手法看，其应为清代早中期的竹刻高手。

（王健）

竹雕夜游赤壁图笔筒

清

直径 7.5cm；高 13.5cm

天津沉香艺术博物馆藏

竹雕赤壁图笔筒

清

直径 xxcm；高 10.4cm

天津沉香艺术博物馆藏

　　苏子携友月夜泛舟，漂浮于浩瀚江面，水阔天空，山高月小，巉岩绝壁，惊涛拍岸，裂石崩云。背面为《赤壁赋》小楷刻字，图文相应，共绘赤壁之景。

赤壁夜游及前后《赤壁赋》牙插牌

清

座宽 10.6cm; 连座通高 18cm;

牙板直径 5.1cm; 托牌 9.0cmx9.0cm

扬州博物馆藏

　　牙牌左上方微刻宋代大词人苏东坡赤壁夜游图和前后《赤壁赋》两篇，牙牌下方雕刻圆月、山石、树木、芦苇、舫船和人物。该牙牌为清末扬州微雕名家于啸轩佳作，代表了我国清末微雕的极高艺术水平。

杨沂孙书苏轼《和陶渊明桃花源》诗卷

清

纵 24.3cm；横 137.4cm

纸本

常熟博物馆藏

　　杨沂孙（1812—1881），字咏春，号子与，晚号濠叟，江苏常熟人。官凤阳知府。工钟鼎、石鼓、篆、隶。偶刻印，亦彬雅迈伦。

　　引首："赵"朱文起首章。题识云："历劫不磨。此四字原为濠叟贵件常用之章。洁公先生属作引首，藉志钦迟。庚寅首夏，赵瘿公时年六九。"钤印："赵士俊"朱文印。

　　鉴藏印："虞山庞洁公藏""洁公真赏"朱文印，"庞洁公藏"白文印。（钱珂）

大字：歷劫不磨

出四字原為源姿老伴常用
之章
深谷先生屬作引首藉誌欽遲
庚寅之春趙□□□九

和陶桃花源

世傳桃源事多過其實攷
淵明所記止言先世避秦亂來
此則漁人所見似是其子孫非秦
人不死者也又云殺雞作食豈有
仙而殺者乎舊說南陽有菊水
水甘而芳民居三十餘家飲其水
皆壽或至百二三十歲蜀青城
人邑有見五世孫者道極險遠
生不識鹽醯而溪中多枸杞根

何绍基书苏轼文行书横幅

清

画心纵 213.0cm; 横 50.2cm

裱件纵 279.0cm; 横 62.0cm

纸本

泸州市博物馆藏

　　何绍基 (1799—1873)，字子贞，号东洲居士，晚号蝯叟，湖南道州 (今道县) 人，凌汉子。道光十六年 (1836) 进士，官编修。书法习颜真卿，草书尤为一代之冠，晚年以篆隶书法写兰、竹、石，寥寥数笔，金石书卷之气盎然。

　　此作总体风格瘦劲雅逸，寓灵动于规整之中，偶用厚重墨色，落笔较为沉稳的字打破纤细线条的单一，消融了细笔易显轻飘的惯性，如作品中的"砚""遇"等字，在原本规整的布局上，作者故意用字体大小突破拘泥与呆板，力求作品的丰富性与生动性，展现了作者细腻的心思、巧妙的安排和力求突破创新的决心。

　　钤印："何绍基印"朱文印，"子贞"白文印。

　　鉴藏印："泸州市图书馆珍藏"白文方印。(泸州市博物馆)

异时长恨读仪人　吾有风雷笔有神闲道骑鲸游

汗漫憍书不晶语悲辛　气吞馀子尽自妇诗到诸卿

尚绝伦　白发忘交尝掩卷　泪河东任间苍昊自甘茅屋

老三间堂意形庭缀两班纸著雪煷供醉后诗成珠玉看

朝还谁言载酒山无贺　记取愧鸟卷有韵俚恩践羊

随未骥青云飞步不客攀

曾国藩

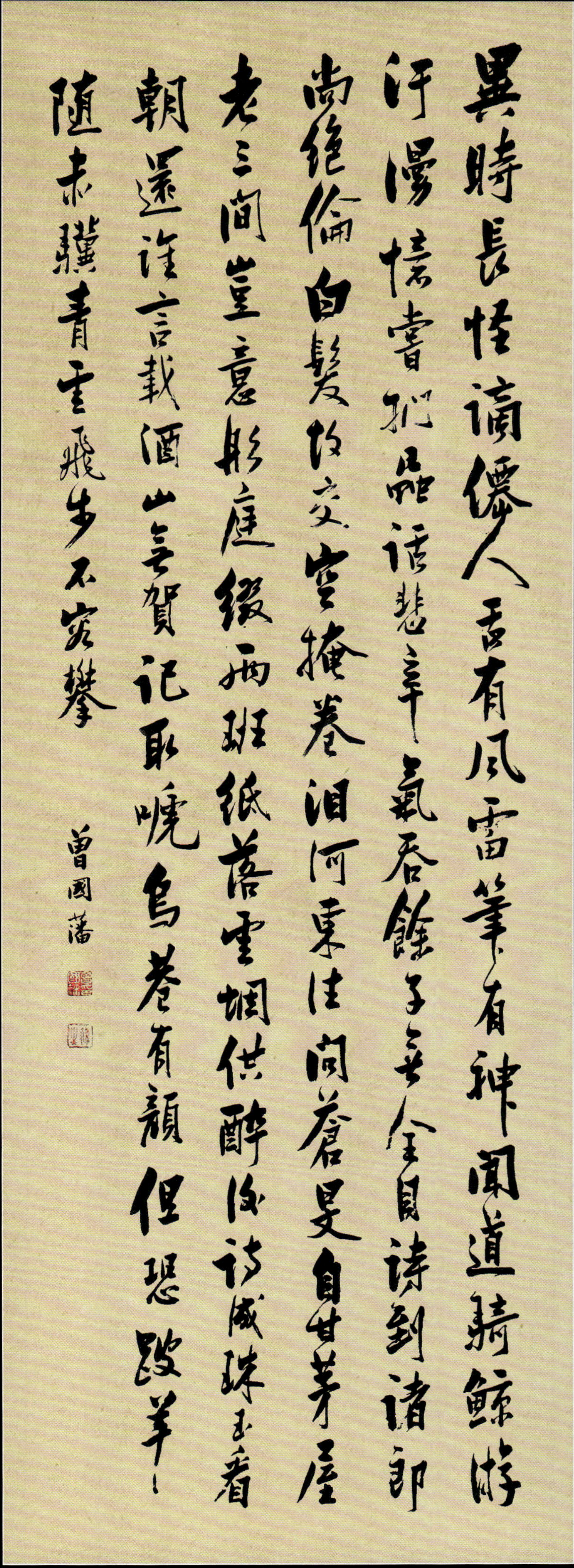

海云行书临苏轼《廷平郭君帖》扇页

清

纵 18.5cm; 横 58.5cm

泥金笺

扬州博物馆藏

钤印: "海云" 白文印。

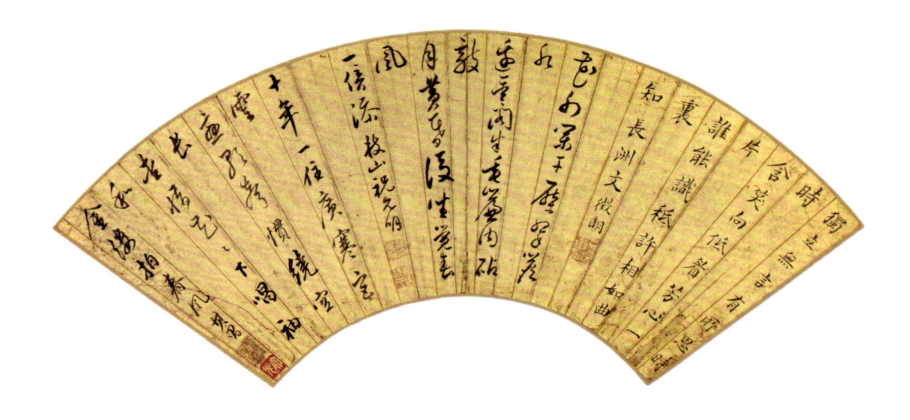

文徵明、祝枝山、董其昌楷行书诗合折扇页

明

纵 17.5cm; 横 51.5cm

安徽博物院藏

苏轼所开创之"尚意"的书法风尚，直接影响了北宋中后期及南宋、金的书法创作，明代书法受其影响巨大。

钱问衫行书苏轼《与李公择书》

清

纵 18.5cm；横 58.5cm

扬州博物馆藏

王古灵画《东坡焚券》扇页

清

纵 17.0cm；横 51.2cm

扬州博物馆藏

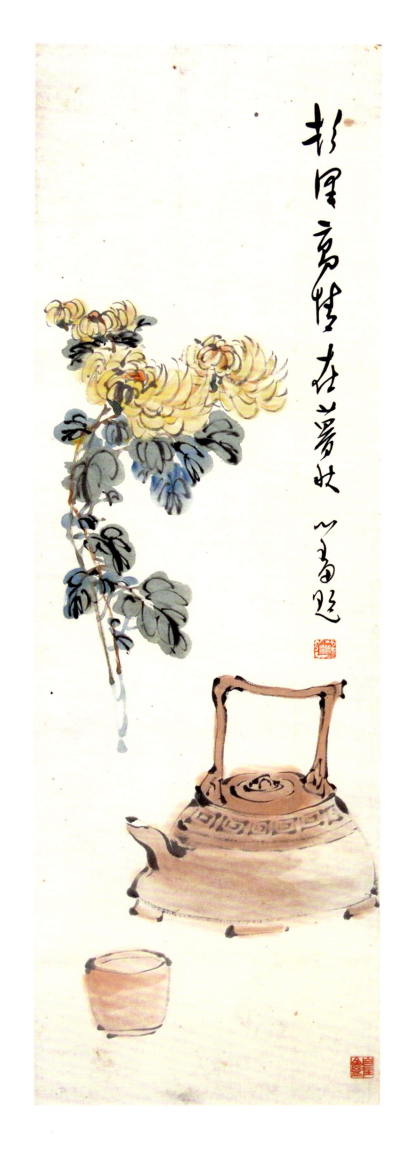

溥儒《壶菊图》轴

清

画心纵 95.0cm，横 30.0cm

裱件纵 210.0cm，横 48.0cm

眉山三苏祠博物馆藏

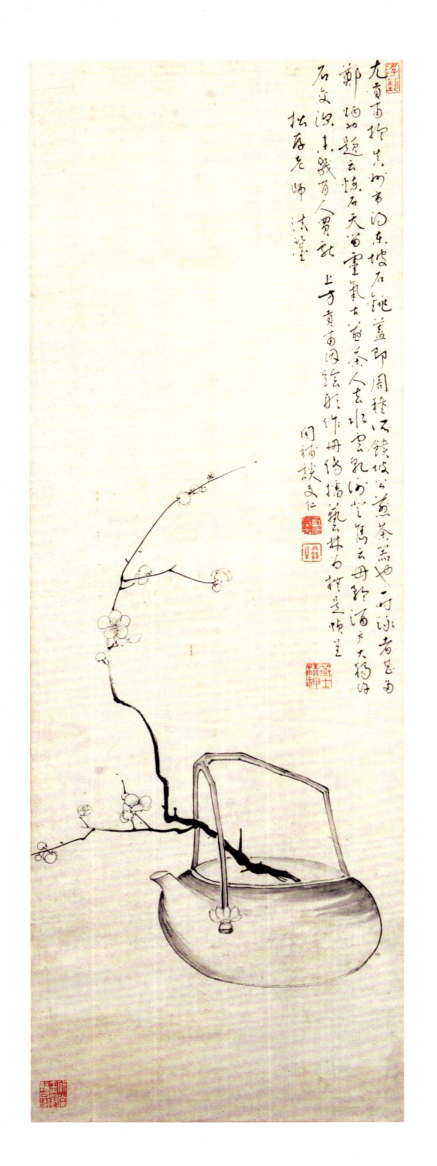

谈友仁《东坡石铫图》轴

清

画心纵 86.0cm; 横 29.0cm

裱件纵 194.0cm; 横 42.0cm

眉山三苏祠博物馆藏

西园雅集竹雕笔筒

清

高 14.0cm; 直径 12.0cm

天津沉香艺术博物馆藏

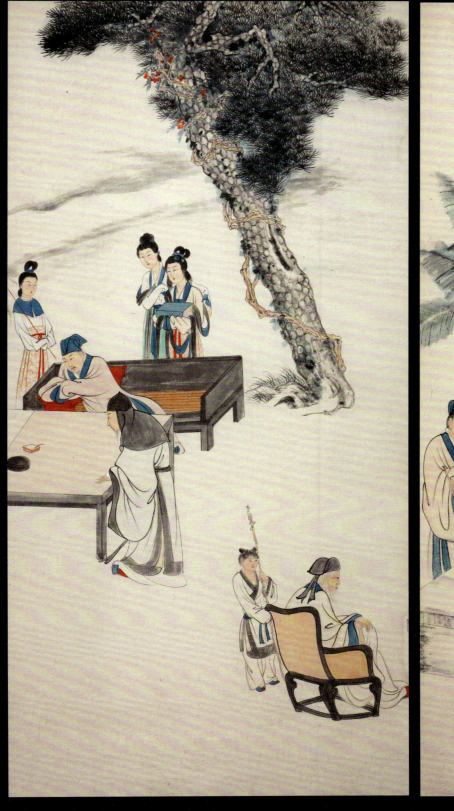

图书在版编目（CIP）数据

千古一人：苏轼主题文物展 / 杭州西湖博物馆总馆
编 . -- 杭州：西泠印社出版社，2024. 10. -- ISBN
978-7-5508-4620-3

Ⅰ . K871.442

中国国家版本馆CIP数据核字第2024AF1424号

千古一人　苏轼主题文物展

杭州西湖博物馆总馆　编

责任编辑　陶铁其

责任出版　杨飞凤

责任校对　吴乐文

装帧设计　上海归谷文化传媒有限公司

出版发行　西泠印社出版社

（杭州市西湖文化广场 32 号五 5 楼　邮政编码　310014）

经　销　全国新华书店

印　刷　浙江影天印业有限公司

开　本　889mm×1194mm　8 开

字　数　200 千

印　张　30

印　数　0001—1000

书　号　ISBN 978-7-5508-4620-3

版　次　2024 年 12 月第 1 版　第 1 次印刷

定　价　780.00 元

西泠印社出版社发行部联系方式：（0571）87243079